01 时论中国

COMMENTS ON CHINA

为中国留下深度思想印记

A Deep Ideological Impressionand Memory for China

中国工人出版社
China Worker Publishing House

用思想记录中国

时论中国
Comments on China

谨以此书献给我们的大时代

A deep ideological impression and memory for China

发现中国

读懂中国

记录中国

时论中国

Comments on China

目录

社会

国际

序

为中国留下深度思想印记

艾　丰

摆在各位面前的，是一本名为《时论中国》的书。

这是一套丛书中的一本。

也就是说，这样的书，我们将持续不断地出版下去。

为什么要编辑出版这套名为《时论中国》的理论丛书呢？

我们的初衷有三。

其一，观察。

当今中国，是一个充满生机、活力、机遇，同时也难免产生陈腐、僵化、陷阱的发展中国家。观察和认识这个社会，适应和改造这个社会，是摆在每个公民面前无可回避的一道人生选择题。这套丛书所选取的话题和评论对象，是每个公民经常关心的、随时发生在我们身边的林林总总的新鲜事物。定期出版《时论中国》丛书，就是要为广大读者提供一扇观察当今中国的窗口——在这里，发现中国。

其二，剖析。

观察和分析事物，有若干视角，亦有不同态度。对于形形色色的各种现象和事物，我们到底应该怎么看？这些现象的本质是什么？它们为什么会发生？今后走势如何？我们应该如何应对？诸多问题，总是或隐或现地在人们脑海中轻轻掠过。或许，你未曾认真想过，但有人认真想过，并且潜心研究过，他们以专家学者的学识与素养，梳理来龙去脉，剖析背景原因，指点趋势走向，提供应对策略。定期出版《时论中国》丛书，就是要为广大读者提供一种解剖事物、辨析事理的方法——在这里，读懂中国。

其三，记录。

在时间的纵坐标和空间的横坐标上，新中国已经昂首走过虽然曲曲折折但亦不乏辉煌的六十余年。我们每一个公民，也与共和国一道，走过自己或长或短的难忘岁月。时光如梭，岁月留痕。国家为我们留下什么？我们为子孙留下什么？这些，都需要用各种方式记录下来，留在记忆中，留给下一代。定期出版《时论中国》丛书，就是要为广大读者留下这样一份与彼时中国共同成长和思考的文字印记——在这里，记录中国。

既如此，担负如此不凡使命的这套丛书，以及策划编辑这套丛书的艾丰经济发展研究院，从制定选题、筛选作者、沟通意图、编辑出版的各个环节，都精心组织，精心设计，精心编辑，以不负我们这个不凡的时代和同样不凡的广大读者。

我们选材的标准是，新鲜，独到，深刻。

为此，我们就稿件取舍定下了“三最”标准：由当今中国思想界最活跃的一批专家学者，评析当今中国最新发生的各种事物，为当今中国留下最独特的思想印记。

我们编辑的目标是，清新，朴实，简洁。

为此，我们在每一本书的每一个专题中，分别辑录了主题、延伸、名家观点三个板块，以长短相间、相辅相成的形式，尽可能地为读者奉献既有深度、又有广度，既有长论、又有短评的鲜活的时代思想记录。

本套丛书的文章，来源于我们所能看到的所有公开出版物，包括各种报刊、杂志，网络发布的各种博客、微博，以及作者在论坛、会议中公开发表过的各种讲话。这是一个大海捞针、不断发现和不断筛选的过程，也是一个梳理时代脉络、萃取思想精华的过程。无疑，这更是一个繁复而又需要恒心、耐心和责任心的工作。作为主编之一，我向负责具体筛选和编辑工作的各位同仁，表示深深的敬意和衷心的感谢。

《时论中国》——观察中国，剖析中国，记录中国。

与中国一起成长——这，就是我们的定位，也是我们的使命。

我们将竭尽全力。

是为序。

Economy | 经济

主题主编 | 韩晓峰

寻找改革红利
经济改革与政治改革
政府与市场，边界在哪里
解读“克强经济学”
利率走向市场化

寻找改革红利

01

KEEPING THE
MINUTES OF CHINA
WITH THOUGHTS

主题

厉以宁　从“旧红利”走向“新红利”

延伸

华　生　“改革红利”在哪里

迟福林　加快释放“改革红利”

名家观点

成思危　林毅夫

刘志彪　胡培兆　秦　晓

主题 | Key Articles

从“旧红利”走向“新红利”

厉以宁

核心提示

改革，就是制度调整。

制度调整必须及时推进。继续推出新的改革措施，继续进行制度调整，才能保证新的“改革红利”或“制度红利”的出现。

古今中外，所有的红利都来自创造。我们对于红利的问题，不仅要有新认识，更需要有行动，通过实践，使红利成为事实。

“红利”，实际上是指一个国家或地区在特定发展阶段所具有的发展优势，以及利用这种发展优势所带来的好处。比如，“人口红利”、“资源红利”、“改革红利”（或称“体制红利”、“制度红利”）都是发展优势及其运用所带来的结果。

因此，“红利”的消失就是指发展优势的消失。无论是“人口红利”、“资源红利”还是“改革红利”的消失，对任何一个国家或地区来说，都应当被认为是经济发展过程中的正常现象。每一个国家或地区在经济发展的一定阶段都会出现这种现象，原有的“红利”的消失并不是某一个国家特有的问题。

重要之处在于，经济发展方式在经济发展到一定阶段时就必须转变。如果原有的发展方式不能及时转换，那么在原有“红利”消失后，经济便会逐渐陷入困境。由此可知，每一个国家或地区都面临发

厉以宁
北京大学教授，著名经济学家，全国政协常委，曾任全国人大财经委员会副主任委员、法律委员会副主任委员。出版著作《消费经济学》、《经济学的伦理问题》等。

展方式相应转换、发展战略有待于重新制定以及产业结构及时调整等迫切问题。经济转型及时、顺利，“红利消失”这一关就闯过去了，否则经济将继续陷于困境之中，难以摆脱。

可以说，一些发展中国家如果认识不到经济及时转型的必要性，如果只是留恋原有“红利”的优势而不愿尽力转型，那只会造成以下三个恶果：

第一，继续发展经济的信心丧失了，认为既然原有的“红利”已经消失，发展的优势已经不存在，那就很难再有所作为了。

第二，由于信心的丧失，国内实体经济领域的投资者将会纷纷撤走投资，或者把企业迁移到较晚发展起来的国家，导致国内投资总额减少，使本国经济的发展碰到投资不足的难题。同时，由于投资不足，与实体经济发展有关的专业人才也随着流向国外。

第三，由于本国经济空心化了，实体经济产业被投资者认为是没有发展前景的产业，大量资金转到了虚拟经济领域，使经济中的泡沫增加了，经济有可能陷入更深的陷阱之中。资产泡沫的破灭，也会使经济更加停滞不前，使以后的经济发展更加缺乏后劲。

从“旧人口红利”走向“新人口红利”

“人口红利”是指一国或一个地区在经济发展过程中，因人力资源的存在而产生的发展优势及其体现。

不过，人力资源的优势在经济发展过程中是会转换的。常见的情况是，在经济发展前期，一国或一个地区人力资源的优势表现为大量廉价劳动力的存在。这一时期，有四个就业条件适合于这些国家或地区廉价劳动力的运用，由此出现了廉价劳动力资源所带来的“人口红利”。这四个就业条件是：

第一，国内自然条件合适于经营种植园，生产谷物、甘蔗、水果、棉花、橡胶等农产品，而国内的廉价劳动力大量存在，只要有人（无论是本国投资者还是外国投资者）愿意经营种植园，就不愁雇不到廉价劳动力。

第二，国内有丰富的矿产资源，包括铁矿石、有色金属、煤炭、石油、天然气、稀有金属、贵金属、钻石、宝石、建筑用石料等，有人愿意投资于采矿业，本地廉价劳动力的充裕供给可以满足投资者的需求。

第三，发展中国家在发展前期，在制造业方面主要根据本国的实际情况，以轻纺工业、食品工业等劳动密集型工业为主，需要廉价劳动力作为工人，对他们的技术要求不高。这样，对发展中国家的劳动力稍加培训就可以适应投资者的需要，除劳动密集型工业可以吸纳就业以外，大量个体手工业作坊和小商小贩的存在，也可以使劳动者获得就业的机会。

第四，建筑业在这个阶段的较快发展，也为廉价劳动力提供了就业岗位。如修建公路、铁路、港口设施、住宅、商店、工厂以及其他公用设施的建设，都使得廉价劳动力的使用带来“红利”。

显然，“人口红利”同廉价劳动力的大量存在和被使用是分不开的。在发展前期，廉价劳动力资源的丰富成为生产成本低廉的主要依据。一些发展中国家正是依靠生产成本低廉而开拓市场，增加资本积累，进而使 GDP 逐渐由低收入阶段接近中等收入阶段，再迈入中等收入阶段。

然而，经济发展的形势是会变化的。在那些逐渐由低收入阶段接近中等收入阶段和迈入中等收入阶段的国家或地区，廉价劳动力资源的优势会逐渐消失，原有的“人口红利”也逐渐随之消失。工资低廉不再成为这些国家或地区吸引投资者前来投资的独特因素，因为又出现了一些较晚发展起来的国家或地区，那里同样存在丰富的廉价劳动力资源，而且工资更低，生产成本更低，从而对外来的投资者更有吸引力。一些依靠廉价劳动力资源摆脱低收入阶段的发展中国家或地区，长期忽视人力资本的投资，不注意提高自己的劳动力质量，仍然以提供廉价劳动力为满足，随着“人口红利”的减少直至消失，最终陷入经济停滞状态。这种例子并不少见。

> 长期忽视人力资本的投资，不注意提高自己的劳动力质量，仍然以提供廉价劳动力为满足，随着“人口红利”的减少直至消失，最终陷入经济停滞状态。

面对这种情况，我们应当怎么办？难道就此对今后的经济发展失去信心？信心丧失能解决问题吗？显然，这牵涉到一个如何正确认识“人口红利”的问题。

要知道，任何一个国家在发展的不同阶段都会有适应于当时的人力资源优势。廉价劳动力优势和“旧人口红利”消失后，熟练劳动力优势将取而代之。“新人口红利”将成为发展新阶段的特征，经济将随着经济发展方式的转换而继续发展下去，这是已有先例的。任何一个国家或地区都应当有此信心。

事实上，当人均收入不断随经济持续发展而上升的时候，特别是当人口随着城镇化的推进和城镇化率越来越高以后，人口增长率一般都出现下降的趋势，人口老龄化日益明晰，青壮年人口在社会总人口中所占比例下降。这又从另一个角度说明了“旧人口红利”消失的原因。

“人口红利”的新旧代替是不可避免的，所以发展中国家和地区必须坚定信心，争取早日创造“新人口红利”。

措施之一：增加人力投资，扩大职业技术培训，使工人的技术素质有大幅度提高。为什么当初劳动力廉价？这正与劳动者素质低、技术水平低、效率低有关。所以，对低素质、低技术水平、低效率的劳动力进行职业技术培训，通过增加人力资源而使越来越多的工人成为技术工人非常必要。

措施之二：让已经就业的和等待就业的工人有提高自身技术素质的积极性。这不仅取决于企业与职工双方都能认识到提高工人技术素质对于企业生存与发展的意义，而且也取决于企业与职工双方都认同工资同绩效挂钩的重要性。如果职工工资不同绩效挂钩，只能导致许多职工认为自己努力学习、刻苦专研、提高技术水平是没有太大意义的，进而有碍于他们向上进取的主动性、积极性的发挥。

> 发展中国家在转向“技工时代”的过程中，应当重视小微企业在经济进一步发展中对技工的培养所起的作用。

措施之三：消除农村进城务工人员的不平等待遇。在权利遭受限制，甚至在某些方面还遭到身份歧视的处境之下，农村进城务工人员刻苦学习的积极性也就逐渐消失了。这是阻碍“新人口红利”产生的一个重要因素。

在这个问题上，应当重视小微企业在发展中国家经济进一步发展中对技工的培养所起的作用。这里所说的小微企业，是指自行投资、自主创业的小型微型企业，业主本人往往就是熟练工人、高级技术工人。

英国工业革命开始于18世纪70年代，最早的蒸汽机、机器设备、铁路运输车辆（机车和载人载货车辆），都是前所未见的。这些是谁最先设计并制造出来的？主要是手工作坊的小老板或熟练手工工匠，如水车匠、钟表匠、磨坊匠、唧筒匠等人。手工技艺是家传的，或者是以师傅带徒弟方式，师傅手把手教出来的。久而久之，熟练工人就会越来越多，技艺就会越来越好。兴办职业技术学校，那是后来的事情。

直到现在，中型企业和小微企业在西方发达国家中仍占有重要地位，不仅缓解了就业问题，而且还是为大型企业生产零部件的合作伙伴。许多小微企业以自己的技艺为特长，生产名牌产品，也向社会输送手艺高超的熟练工人，包括为特定的顾客定做商品的独特的熟练工人以及修理汽车、摩托车、游艇与一些家用电器的能工巧匠。因此，发展中国家在转向“技工时代”的过程中，不要忽视小微企业在这方面的作用。

从“旧资源红利”走向“新资源红利”

“资源红利”是指一国或一个地区在土地资源、矿产资源、森林资源、淡水资源、草场资源等方面的优势。在经济发展前期，这些资源一般都比较丰富。以土地资源为例，这一时期可利用的土地数量一般都比较多，土地价格也相当低廉。这就是资源优势，其结果体现为“资源红利”。

应该看到，这些也许是“旧资源优势”。然而，只有在个别确实地大物博的国家里，“资源红利”会长期存在。更多的国家里，经济发展到一定阶段后，某些资源会越来越紧张、短缺，直至原有的资源优势和“资源红利”都逐渐消失。

“新资源红利”从何而来？新的资源优势和“资源红利”都来自先进的科学技术，来自对这些科学技术的运用。通常来说，在一个国家境内，自然界提供的资源总有用完的时候，只有智力资源、人才资源是无限的。先进的科学和技术来自智力资源、人才资源。增加开发、利用智力资源和人才资源的投入，才能使科学技术越来越进步。一旦先进的科学技术研究成果应用于实际，新的资源优势就形成了，新的“资源红利”也就产生了。

新的“资源红利”往往是同新的“人口红利”结合在一起的。它们既要依靠专业人才的大力培养，也要依靠庞大的熟练工人、高级技术工人队伍的形成。

比如说，在淡水资源严重不足的沿海国家，如果海水淡化的成本降低了，这将是一个巨大的突破。又如，新能源的开发和应用、沙地的改良、石漠化的治理、草场牧草良种化等等，都是有助于“新资源红利”产生的科研开发活动。

在某些方面，新的“资源红利”往往是同新的“人口红利”结合在一起的。

没有大批科学研究人员、专业人才、熟练技工，就谈不上科学领域的新突破，也就不会出现新的“资源红利”。人才为本，资源优势才能显现。从这个意义上说，新的“资源红利”和新的“人口红利”相辅相成，谁也离不开谁。科研队伍和技术人员队伍的成长是新的“人口红利”产生的前提，也是新的“资源红利”产生的必要条件。

正是由于新的“人口红利”和新的“资源红利”既要依靠专业人才的大力培养，也要依靠庞大的熟练工人、高级技术工人队伍的形成。因此，如果不建设新的、有效的职业技术教育制度，如果不打通社会垂直流动和社会水平流通渠道，使优秀人才能脱颖而出，如果不重视教育经费在 GDP 中的比例的逐步上升，怎能使专业人才、熟练工人、高级技术工人的队伍迅速成长和扩大呢？

为了实现更多的科学技术领域内的突破，一是需要更多的新发明，二是需要把新的发明应用于经济领域，使这些科研成果在经济中产生效益。前者靠发明家，后者靠企业家，这两种人才缺一不可。这就是说，社会需要有更多的发明家和更多的企业家，需要有更多的人加入成功的发明家队伍，加入成功的企业家队伍。成功的发明家，可能终身从事科学研究工作和技术创新工作，也可能在科技发明之后自己创业，成为出色的企业家。

成功的发明家和成功的企业家的成长，都需要有合适的制度环境。比如说，乔布斯之所以能够成功，一方面在于个人的聪明才智、个人的魄力、勇气和决断力，另一方面主要在于他成长在一个适于人们施展才能的环境中。那里有产权激励的体制，有严格的知识产权保护制度，还有比较完善的资本市场，最终在乔布斯周围形成一支庞大的科研开发的团队，形成了技术创新的热潮。

成功的发明家和成功的企业家的成长，都需要有合适的制度环境。

于是，这就必然涉及“新改革红利问题”。

从“旧改革红利”走向“新改革红利”

在“新人口红利”、“新资源红利”和“新改革红利”中，“新改革红利”是最大的红利，也是具有关键性的红利。

“改革红利”又称“制度红利”或“体制红利”。这是指通过改革，制度或体制得以调整，让制度或体制释放出更大的能量，推动经济的前进。

每一项改革总是适应于经济发展过程中当时的特定状况而出台的。改革的“红利”体现于消除了原有制度或体制对生产力的束缚，使经济继续发展、前进。

要知道，任何一种改革措施实行了一段时期之后，改革带来的优势或“红利”总有越来越少的趋向。这是难以避免的。道理很简单：在一定体制之下，改革措施总会有从适应当初的形势到逐渐不适应新形势的变化，因为任何改革都适应于某种客观形势，后来由于形势改变了，原有的改革的效力的递减也就成为必然。原有的“改革红利”逐渐消失，这是普遍现象，而并非是只有某一个国家才发生的情况。

原有的改革措施带来的优势或红利，都可以称为“旧改革优势”

或"旧改革红利"。这里，新与旧都是相对而言的，与有效期间的长短无关。有的改革红利可能存在的时间相当长，有的改革红利可能只存在短暂的时间，这无非是因为形势变化的快慢不同，以及改革措施的效应有大有小的缘故。所以，当"旧改革红利"行将消失之日，也就是原有改革措施的优势潜力耗尽之时。

民间从来都蕴藏着极大的积极性，这是改革的最大动力。不继续进行制度调整，就是对这种大积极性的漠视，甚至是压制。

改革，就是制度调整。制度调整必须及时推进。继续推出新的改革措施，继续进行制度调整，才能保证新的"改革红利"或"制度红利"的出现。民间从来都蕴藏着极大的积极性，这是改革的最大动力。不继续进行制度调整，就是对这种大积极性的漠视，甚至是压制。

优势和"红利"都来自创造

毫无疑问，以各种红利的消失作为唱衰中国经济的依据的论调是没有道理的。我们要有信心，相信今后在经济发展中会出现新的红利、新的优势。

发展优势和红利都来自创造。即使旧的优势或旧的红利，也来自创造，它们并不是"天上掉下来的"。

比如说，尽管人口众多，如果人人都待在家里，都留恋故土故居，不外出寻找工作，不务工，怎能发挥一国拥有大量廉价劳动力的优势？怎会出现廉价劳动力所带来的红利？

又如，土地数量再多，价格再低廉，如果各地都不招商引资，不开发土地，不建立工厂，又怎能发挥一国的资源优势？怎能出现资源红利？

再如，发展中的制度障碍是客观存在的。再原始的社会，如果对传统组织所形成的发展障碍不进行变更，那就不会有发展，也不会有生活的改善。这就是最早的改革红利。

可见，即使是最早的人口红利、资源红利和改革红利，都离不开人的创造。

毫无疑问，新的人口红利、资源红利和改革红利对旧的人口红利、资源红利和改革红利的替代，都是依靠人们的努力而出现的。历史上找不到“天上掉下红利”的例子，现实生活中更没有“天上掉下红利”的好事。

古今中外，所有的红利都来自创造。我们对于红利的问题，不仅要有新认识，更需要有行动，通过实践，使红利成为事实。

延伸 | Extended readings

“改革红利”在哪里

华　生

核心提示

改革需要有量化指标。通过牵一发而动全身的关键性改革，真碰既得利益，推动体制机制转变，推动经济升级。

经济升级要明确两个“主方向”。方向一，通过价格机制和股权并购来调整产业结构，实现优化升级；方向二，靠新型城镇化改革和建设，提供长期发展动力。

华　生

著名经济学家，博士生导师。东南大学经济管理学院名誉院长。影响我国经济改革进程的三项重要变革即价格双轨制、资产经营责任制、股权分置改革的提出者、推动者。

“改革是中国最大的红利”，这个说法是对的，反过来也可以推论，如果不改革或者改错了，就没有红利。就像李克强总理所说的，要多研究如何释放改革的红利，所以，现在的问题主要集中在怎么改才能改对，改革的突破口应该放在哪里。

要防止泛泛地说改革，包罗万象地把问题都罗列出来，现实中可操作性比较差。一些经济学家提出的改革路线图面面俱到，什么都想全面推进，其实当中的每一项都有一堆难题要攻克。比如，大家似乎都赞成的实现资源价格的市场化，观点容易抛出，行动却难实现。水、电、油、气，哪一个能轻易实现市场化？这里既有涉及通胀压力的考虑，也有社会和老百姓的感受和情绪因素。什么改革都一带而过，什么都想做，结果什么也做不了，也就是经济学家说说而已，政府是无法操作的。

今天的改革，不是说在一张白纸上描绘宏伟蓝图，而是如何收拾好目前的局面，从千头万绪的工作中，寻找出可以做、能够做也应该做的改革作为突破口。

对于政府部门来说，今天想推动任何改革，都是比较困难的，但是不能因此而不去改革，更不能只是“喊嗓子”，而没有“甩膀子”，否则到头来就会发现，真正触动既得利益格局的改革，一个也没有，留下的只是泛泛的提法和口号。而没有推动真正意义上的改革，红利必然释放不出来，经济增长也不可能有质量有后劲。

当务之急，需要把改革具体化，设置量化指标，找到一两个具有抓手意义的问题，或者说是牵一发而动全身的关键性改革，提纲挈领，敢碰真碰既得利益格局，通过推动体制机制的改变，推动经济的升级。现在大家都说，政府能不管的都不管，能交给市场的都交给市场，这固然很好，但是，如何量化需要落实。比如说，哪些领域可以交给市场，哪些类型可以交给市场，多大的投资规模可以交给市场，如果没有明确的量化，改革就会被化解为无形。

事实上，即使全部都交给市场了，经济也不一定升级，不一定增长。美国和欧洲都是自由市场经济，可是经济该不增长还不增长，每年能有1%或2%的少增长率就不错了。这就是说，市场化本身还不能自动解决像中国这样的发展中大国的经济增长和经济升级的问题，我们必须找到和中国历史发展阶段相关联的，能够真正推动经济升级的体制机制改革，集中力量去突破。

经济升级要明确两个“主方向”。第一个方向，通过价格机制和股权并购来调整产业结构，实现优化升级；第二个方向，就是靠新型城镇化改革和建设，提供长期发展动力。从这两个方向上突破，都与经济升级有关。

> 我们过去最大的失败就是空话太多，政策总是不和利益机制挂钩，不和真正的利益制度变革挂钩，这样就难免出现“政令不出中南海”的情况。

经济升级的第一个方向，是要调整结构与产能，让企业能够通过购并重组来优化资源配置。

这一点政府是没法做的，不可能去指挥企业怎么干，人为的行政干预往往适得其反。但是，政府可以做好两件事。

第一件事，是在关键的资源性产品的价格上，要迈出实质改革的步子来。

比如，现在要淘汰落后产能，淘汰高耗能生产，但电价很低，又是行政僵硬的办法管控，淘汰自然就很难实现。地方想上马这些产业，发改委能管得过来吗？因此，必须启用价格杠杆有效指挥产业发展行为。围绕市场的价格信号真正明确了，产业结构自然就能得到调整。

所以，政府去抓项目，管谁能干什么不能干什么，那就叫管了不该管的事。让市场经济最核心的价格信号起作用，对政府必须管的部分，也建立起价格调整的动态机制，这就叫管了该管的和放手让市场起作用。我们过去最大的失败就是空话太多，政策总是不和利益机制挂钩，不和真正的利益制度变革挂钩，这样就难免出现“政令不出中南海”的情况。直面改革，必须回到最本源的问题上来。只有改变体制机制，改变利益驱动的链条，各级政府的行为模式才会真正改变。

第二件事，是推动股权多元化，利用资本市场推进购并重组。

中国现在的情况是一股独大，绝对控股，根本无法推动兼并。比如说那么多地方钢厂，其实都是可以互相兼并的，但是由于有地方利益，加上大股东控股比例都很高，也没有整体上市，也就购并不了。因而，需要通过资本市场推动股权的多样化，来推动购并重组的发展，优化产业结构。

这个问题上，国外的经验是让资本市场发挥作用，而不是用行政手段去安排。我们经常可以看到，美国的市场购并动辄数百亿美元，这是真正的产业购并。而我们的所谓并购，基本都是借壳，根本没有产业重组。所以，美国经常是一家银行吞并另一家银行，或者是行业的老大、老二吞并了老三，而我们的资本市场方向走偏，死气沉沉，没有实现资本市场在产业升级、优化重组中的功能。可见，产品市场也好，要素市场也好，如果没有竞争性的市场结构，不能释放正确的价格信号，就无法通过市场化的优胜劣汰和并购重组不断优化产业结构，经济升级就会非常困难。

经济升级的第二个方向，是新型城镇化。

新一届政府指出，未来二三十年中国最大的内需就是新型城镇化。之所以要搞新的以人为核心的新型城镇化，是因为旧的传统的城镇化弊病越来越大，这样就必须改变原有的体制机制，否则喊的是新口号，做的还是老事情。当然就不可能有新型城镇化，所谓的最大的内需也就会落空。没有真正的改革，没有改变利益传导机制的改革，就只能是说归说，各地该怎么干还怎么干。

之所以要搞新的以人为核心的新型城镇化，是因为旧的传统的城镇化弊病越来越大，这样就必须改变原有的体制机制，没有改变利益传导机制的改革，就只能是说归说，各地该怎么干还怎么干。

与新型城镇化有关联的制度主要有三个——土地制度，户籍制度，财政税收制度。如果这三个制度是相互关联的，如土地和财政。如果它们不改变，就无法推动新型城镇化，改革红利也就无法释放，也就无法推动经济发展。

土地财政其实是卖地财政。从历史上看，土地财政发挥了一些积极作用，却也是导致传统城镇化的主要原因。只有人口城镇化，才能为实现现代化提供源源不断的强大内需和合格人力资源供给。但是，直到现在，仍然是只实现了“土地的城镇化”，而没有实现“人口的城镇化”。

地方政府过于依赖土地收入，也就过多依赖于高房价，房价一跌，甚至房价只是预期不好，土地立即贬值。过去调控政策紧的时候，地方出现土地流拍，政府的债就还不上了。因此，地方政府不得不维持高房价，对房地产调控根本没有积极性。高房价让城市人都很难买得起房子，更别提农民工和外来移居就业人口，这样怎么实现人口的城镇化?

地方政府靠拍卖土地来发展，自己也背上了越来越重的债务负担，靠土地抵押来融资，这样，银行也被土地给拴住了。地价跌下来，银行的坏账就来了。因此，高房价、高债务形成了一个恶性循环。金融和债务的风险都拴在土地上，是一个非常危险的信号，因为世界范围内较大的经济泡沫的破裂，往往都是因为与地产关联的金融债务危机的爆发。解决土地财政问题，也是在防范和消除潜在风险的积聚。显然，不触动不改变卖地财政的体制，新型城镇化就不可能起步。

为什么会出现人口城镇化和土地城镇化脱节？就是因为政府只管土地指标,不管人口指标;就是因为卖地财政只要土地,不要人口,要土地是可以挣钱的,而接纳人口是要花钱的。

就算动了土地财政的奶酪，那又如何让城镇有动力接纳外来人口？这就涉及户籍制度的改革。为什么会出现人口城镇化和土地城镇化脱节？就是因为政府只管土地指标，不管人口指标；就是因为卖地财政只要土地，不要人口，要土地是可以挣钱的，而接纳人口是要花钱的。如果把每年的土地分配指标和人口户籍化的指标相结合，如果地方政府要土地指标，必须先考虑安排人入籍的负担，安排一定数量的人口入籍，这样就可使土地和人口之间形成内在平衡机制，才能把地方政府的行为给调整过来。

改革要有一个数量化的规划。比如说，现在农民工有 2 亿多，中小城市流动人口还有 7000 多万。其实，这个“2 亿多”还是保守数字，因为还有相当多的留守儿童、留守妇女和留守老人，如果说城市能安置，很多人都要来的。按照过去这些年的速度，即使再慢一点，中国再过 20 年，城镇化率也要到 75% 左右。这就意味着在 20 年里，至少有 6 亿人要安排，每年至少要安排近 3000 万人，这才叫甩开膀子真干人口城镇化。

关于户籍制度改革，一种观点为可以剥离附着在户籍上的各种福利，另一种观点认为要直接改革户籍制度。其实，这种争论是没有必要的，可以双轨同时推进。我们不能用公共服务的均等化改革去否定户籍改革的必要性，因为户籍制度是所有福利歧视制度的根源，二者是皮和毛的关系，皮之不存，毛将焉附？何况还要看到，现在很多城市不是在剥离附着在户籍上的各种福利，而是通过各种形式的限购来提高户籍的含金量。试想，各种不均等的福利一边剥离一边增加，怎么能够改好？这样只会提高户籍制度改革的难度，为推进新型城镇化设置人为的门槛。

当然，户籍制度特别是大城市的户籍制度，没有谁会认为可以在一夜之间取消，但改革必须起步。现在不开始改，20 年后依然还没有人口城镇化，20 年后户籍歧视也不会完全取消。当然，这些事情做起来要有周详的规划，不能乱动盲动。

新型城镇化中的财政与税收制度，是一个需要全盘规划的大改革。从短期来说，要让地方政府从债务泥潭中解套。如果听任地方政府的债务黑洞越滚越大，以后必受其乱。要像当年处理银行不良资产那样，下大决心解决这一问题。可以考虑花钱买机制，用给地方政府规范透明的发债权来解脱卖地财政。地方发债要有同一级人大批准，每届政府或每任领导接了多少债，留下多少债，都要经过审计，高度透明，不能光看干了多少事，还要看花了多少钱。

没有壮志断腕的决心，改革不真干，不真去触动调整利益传导机制，肯定是不行的。所谓改革是中国最大的红利，其意义也就在这里。

从体制转换来说，要学习借鉴成功实现城市化转型的日本、韩国和我国台湾地区的经验，用土地开发的财务平衡替代土地财政。税收制度的改革要结合调节收入分配和贫富差距的考量，对城镇化过程中土地增值收益进行全面合理的再分配，使之主要回归城镇化的主体即农民工等外来移居人口。只有这样，人口城镇化才有长期财力支撑，经济发展的潜力才能源源不断地释放出来。

总之，没有壮志断腕的决心，改革不真干，不真去触动调整利益传导机制，肯定是不行的。所谓改革是中国最大的红利，其意义也就在这里。

加快释放“改革红利”

迟福林

核心提示

“改革是中国的最大红利”，就在于未来 10 年我国有着以城镇化为依托的巨大内需潜力，有着转型与改革的巨大空间，以及由此形成的重大战略机遇。
推进城镇化的转型与改革，释放巨大的内需潜力。
形成6 亿中等收入群体的转型与改革，走向共同富裕。
推进投资的转型与改革，谋求投资与消费的动态平衡。

“改革是中国的最大红利”，就在于未来 10 年我国有着以城镇化为依托的巨大内需潜力，有着转型与改革的巨大空间，以及由此形成的重大战略机遇。抓住机遇，释放改革的红利，需要“以更大的政治勇气和智慧，不失时机深化重要领域改革”，充分释放国内巨大的需求潜力，形成未来 5 至 10 年我国转型发展的最大优势和主要动力，由此走出一条公平可持续科学发展的新路。

推进城镇化的转型与改革，释放巨大的内需潜力。

城镇化蕴含着巨大的内需潜力。未来 10 年城镇化率年均提高 1.2 个百分点，将再有 2 亿农民进入城镇，加上现有的 1.6 亿农民工，新增城镇人口将达 4 亿左右。按较低口径，农民工市民化以人均 10 万元的固定资产投资计算，也能够增加 40 万亿元的投资需求。从消费需求看，2011 年城镇居民与农村居民人均消费比约为 3.3∶1，农村劳动力和人口合理转入城镇就业和生活，其收入与消费必然会明显增加。

迟福林
研究员、博士生导师，中国（海南）改革发展研究院院长，中国经济体制改革研究会副会长。

释放城镇化的内需潜力，重在改变传统的城乡二元结构，真正解开这个“二元方程”。这涉及多方面的体制问题，需要统筹解决。例如，能不能在未来的5年左右初步解决农民工市民化问题，并由此为流动人口管理寻求新路。此外，还包括户籍制度改革、土地制度改革、人口政策的调整、行政区域调整、行政体制改革、财税体制改革、农村社区体制建设等多个方面的制度创新。只有这些方面的改革破题了，才能为人口城镇化的转型发展提供动力和条件。可以说，加快推进城镇化的转型与改革进程，以城镇化为主要载体扩大内需，充分释放城镇化的需求潜力，是我国走向公平可持续发展的立足点和战略重点。

形成6亿中等收入群体的转型与改革，走向共同富裕。

十八大报告提出，到2020年实现国内生产总值和城乡居民人均收入比2010年翻一番。实现这个目标，不是贫富差距继续扩大基础上的倍增，而是中等收入群体的倍增，即在目前大约23%的基础上，每年提高2个百分点，到2020年努力达到40%以上，由此使中等收入群体规模扩大到6亿人左右。

形成6亿中等收入群体，对未来10年中国走向公平可持续发展的意义重大。它意味着巨大消费需求潜力的释放，从而支撑年均7%至8%的中速增长；意味着利益关系调整的新突破，从而奠定“橄榄型”社会结构的重要基础；意味着贫富差距的逐步缩小，从而形成走向共同富裕的大趋势。

作为一个转型与改革的大国，实现2020年中等收入群体倍增的目标，主要取决于未来3至5年转型与改革的进程，包括人口城镇化的转型与发展，包括收入分配改革的实质性突破，也包括公平有序的社会生态及其制度安排。

作为一个转型与改革的大国，实现2020年中等收入群体倍增的目标，主要取决于未来3至5年转型与改革的进程，包括人口城镇化的转型与发展，包括收入分配改革的实质性突破，也包括公平有序的社会生态及其制度安排。

推进投资的转型与改革，谋求投资与消费的动态平衡。

未来5至10年的经济增长，究竟是以投资为主还是重在扩大消费？我国尚处在转型发展过程中，保持一定的、合理的投资率符合基本国情。问题在于，多年来投资率居高不下，投资规模增长过快，由此使投资消费失衡成为经济生活的突出问题。适应消费需求结构变化的大趋势，需要加快推进投资转型。

一是要尽快改变投资结构。要加大公共性项目的投资，适应进入公共产品短缺时代公共需求全面快速增长的基本趋势。把投资的重点转向教育、医疗、社会保障等公共产品领域的投资上，将会起到多方面的积极效果——能够切实推动人口城镇化进程；能够提振国内消费预期；能够有效缩小城乡差距和化解社会矛盾。应当说，在这方面的投资空间很大。

二是要优化投资来源。在市场经济条件下，投资的可持续取决于社会资本是否成为投资的主体。只有社会资本的投资占大头，经济才有活力，投资才可持续。当前的突出问题在于，政府与国有企业的投资增长过快，民营资本的投资明显不足。稳增长的首要条件是社会资本有稳定的投资信心。由于垄断行业改革的滞后，社会资本进入公益性领域和垄断性行业虽有一定推进，却尚未有实质性破题。从具体情况来看，当前民营经济发展的主要障碍既有“政策玻璃门”的障碍，更有“利益玻璃门”的阻力。垄断行业的改革不尽快破题，民营资本的进入是很困难的。

三是调整国有资本配置格局，适应投资转型对改变国有资本配置提出的新要求。这些年来，国有经济在做大总量上功不可没。但是从实际结果看，如果国有资本在竞争性领域分布过宽的局面不改变，激发社会资本活力就相当困难。尽快把国有资本主要配置在公益性领域，给社会资本投资腾出更大的空间，是我国进入公共产品短缺时代、社会需求结构变化升级的客观要求，也是防止资本外流、提振社会资本信心的重大举措。

未来 10 年，是我国发展改革具有历史性意义的关键时期。走向公平可持续的科学发展之路，是我国现代化进程中的二次转型与改革的战略目标。唯其如此，才能使消费成为经济增长的内生动力，使多数人能够公平地分享经济发展成果，使市场保持充分的活力和效率，使资源环境可持续，使政府能够以公共服务为中心。二次转型与改革，与一次转型与改革相比，具有更为丰富的内涵，更具有历史挑战性。

名家观点 | Experts' viewpoints

成思危 民建中央原主席、全国人大常委会原副委员长、著名经济学家

制度创新是中国改革的核心

制度创新是中国改革的核心。历史经验证明，经济体系的组织与控制问题，要比资源配置、收入分配以及物价水平更为重要。政府的宏观调控要遵循市场规律——一是要尊重价值规律，补贴和限价是权宜之计，不是长久之计；二是相信市场供求规律，不要凭着政府官员脑子里想象的供求关系来处理问题；三要尊重竞争规律，只有竞争才能够给消费者带来实实在在的利益。

补贴和限价是权宜之计，不是长久之计；不要凭着政府官员脑子里想象的供求关系来处理问题。

林毅夫 世界银行原首席经济学家兼副行长、全国政协经济委员会副主任、著名经济学家

积累的问题，是因为改革还没有到位

改革是中国最大的红利，过去是这样，未来可能也是这样。过去33年，中国经济增长的速度达到9.9%，这是经济史上不曾有过的伟大成就。积累的问题，很大程度是因为改革还没有到位。现在到了可以改革的时候了！在金融、资源类要素方面进行改革，一旦租金来源被消除，权力寻租的可能就不存在了。

刘志彪 江苏省社会科学院院长

新一轮经济全球化有利中国创造新红利

实施新一轮经济全球化战略，有利于我国把逐步消失的人口红利

逐步转化为人才红利，有利于我国把逐步消失的学习模仿驱动成长的红利逐步转换为创新驱动的发展红利，有利于我国把逐步消失的增量改革红利逐步转换为通过存量改革获取改革红利，从而全面提升我国经济社会改革和发展的高度。

胡培兆　厦门大学教授

改革还有很大的红利空间

为了"形象工程"、"政绩工程"而大拆大建所造成的糟蹋和浪费，就成了过度的成本。只要把这类过度成本控制住，改革红利就会等比例增加。

在正常条件下，成本最小化就是红利最大化。改革成本就是为改革投入的财力物力和社会所付出的代价之和。改革成本有经济成本和社会成本之分，二者又分别包括必要成本和过度成本两部分。比如，工业化、城镇化建设的征地拆迁和生态环境受影响等的付出是必要的成本，但如果为了"形象工程"、"政绩工程"而大拆大建所造成的糟蹋和浪费，就成了过度的成本。只要把这类过度成本控制住，改革红利就会等比例增加。所以，改革还有很大的红利空间可开掘。

秦　晓　博源基金会理事

关注三个正在变化的主要因素

中国正在进入一个经济发展的新时期。在这个时期，存在着三个变化着的主要因素。一是"中等收入陷阱"的挑战，中国并未显示出越过这个陷阱的能力。二是"刘易斯拐点"的出现和人口红利的缩减。从65岁以上老人比例和赡养率可以看出，即便不好确定已经到了拐点，但趋势是毋庸置疑的。三是外部需求结构性调整及长期管制的要素价格难以为继。中国的外部需求在急剧下滑，它反映的是一个长期的结构性问题，同时，汇率、利率、工业用地、劳动力、能源等价格也是要发生变化的，不可能长期维持一个扭曲的价格体系。

经济改革与政治改革

02

KEEPING THE
MINUTES OF CHINA
WITH THOUGHTS

主题 | Key Articles

经济改革和政治改革的结合与互动

艾　丰

核心提示

经济改革总是和政治改革相伴而行，经济改革和政治改革相结合才能推进科学发展。经济改革不能替代政治改革。经济改革和政治改革的关键是政府改革。

经济体制改革是对不适应社会生产力发展的管理制度和管理方式进行的改革，政治体制改革则是对国家政治制度的完善和发展。经济体制改革和政治体制改革既互相联系，又互相交织，应当把两者结合起来，同步向前推进。

经济改革和政治改革具有多重关系

艾　丰
高级记者，教授。第九届全国政协委员。曾任经济日报总编辑。现任艾丰经济发展研究院院长，中国工业经济联合会副会长，中国质量协会副会长。

回顾经济改革历程，我们可以发现，经济改革和政治改革之间存在着多重关系。

第一，经济改革以政治路线为先导。

人们普遍认为，1978 年 12 月党的十一届三中全会是中国经济改革的发端。其实，这次全会研究的不是经济问题，而是政治路线问题。在此基础上，迅速清晰了党在新时期的“一个中心，两个基本点”的基本路线，其中一个基本点就是改革开放。于是，中国才进入了改革开放的新时代，经济改革才有可能得到大力推进。

1989 年政治风波发生之后，一些人在政治判断上发生模糊和摇摆。1992年邓小平的南方谈话，恰恰从政治上把握了正确的方向，明确指出要防右，但主要是反“左”，必须坚持改革开放不动摇。人们把南方谈话称为“第二次思想解放”。也正是由于这次思想解放，中国的经济改革不仅得以坚持，而且大步前进了。

第二，经济改革的突破取决于政治判断的改变。

我国的经济改革，首先突破的是农村“包产到户”的改革。上世纪80年代初，“包产到户”之所以被允许，并迅速在全国推行，不是“包产到户”本身有什么变化，而是衡量它的政治标准改变了，把它定性为所有权和经营权的“两权分离”，不是走资本主义道路。没有政治判断的改变，就没有这项成功的改革。

第三，经济改革的推进发生在和政治改革的结合部。

“政企分开”成了经济改革一个时期的主攻方向。沿着这个方向，对国有企业先后搞了“放权让利”、“利改税”、“承包制”、“抓大放小”、“股份制改造”，等等。也是沿着这个方向，无政府主管的民营企业才能发展起来。也就是说，有了“政企分开”，才能逐步形成以国有经济为主导，多种所有制经济共同发展的基本经济制度。

从另一个角度看，“政企分开”就是政府地位和职能的转变。正是这种转变，直接导致了政府行为的内容和方式乃至政府机构的一系列变化。这种变化，其实质就是政治改革的一部分。没有这种政治改革，经济改革也是难以实现的。

第四，经济改革的深化使政府逐步找到自己的定位。

中国经济改革的基本框架是——一个价值取向，市场成为配置资源的基础手段；三个中心环节，即搞活企业，完善市场，改善宏观调控。这些内容都涉及了政府的定位。搞活企业，要“政企分开”；完善市场，要改变政府定价；政府的定位应该是“宏观调控者”。

经济改革已经明确了政府的定位，要求政府在宏观调控中必须到位，防止缺位和越位。

第五，经济改革制约和改变着政府行为。

政府是政治主体。在这种意义上说，所有的政府行为都是政治行为。但影响和决定政府行为的，却不仅仅是政治因素，经济因素、经济制度往往起基础性作用。

直接影响甚至决定政府行为的经济因素主要是税收和财政制度。税收是政府收钱，财政是政府花钱。

如何收钱和花钱，从政权内部看，实际上也在很大程度上决定着中央、地方、基层各级政府之间的关系，影响着各级政府之间的统一和协调。

总之，税种设计、税率设定、税收归属和税收使用，不仅影响政府和公民的关系，而且在很大程度上决定着政府行为，必须以很大的决心和高超的智慧，才能把这方面的改革搞好。

改“人治”为“法治”，是我国政治体制改革的核心内容之一。
经济改革成果靠法制建设巩固。

第六，经济改革成果靠法制建设巩固。

改“人治”为“法治”，是我国政治体制改革的核心内容之一。改革开放以来，为了推进法治，我们进行了大量的法制建设工作。现在，我国社会主义法律体系已经基本形成，这是一个伟大的政治改革成果。

法制建设和经济改革密不可分。无论是原有法律的修改，还是新法律的制定，都是以经济改革以后出现的现实和今后的发展趋向为依据的，并通过法律形式把改革成果巩固下来，促进改革的继续深化。

市场经济是法治经济。把经济改革成果及时转化为法律，既保障了市场经济的顺利运行，也便于中国经济和世界经济接轨。

第七，经济改革必须促进社会和谐与发展。

经济改革和政治改革的关系，也体现在经济发展和社会和谐与发展的关系上。经济发展是经济领域的事情，社会和谐与发展则是政治领域的事情。

改革是为了经济发展，那么经济发展又是为了什么？经济发展应该是有助于社会和谐和人民幸福。社会和谐，人民幸福，既是改革的基本宗旨，又是经济改革得以持续顺利进行的基本条件。如果经济改革的成果不能共享，社会矛盾激化，社会不安定，不仅改革难以持续，还会影响政权的稳固。所以，经济改革和社会发展的联结，就是经济和政治的联结。

第八，经济改革改变了国体——社会结构。

广义的政治制度包括国体和政体两个层面。国体就是政治制度所依托的阶级和阶层形成的社会结构。政体是建立在国体基础上的政治体制。

国体是政体的基础。政治体制看似人为设计，但在实际运行中一定会为社会结构所左右。国体方面的重大变化，无疑会对我国政治改革起到基础性作用，并为政治体制改革创造前提条件。

经济改革和政治改革的规律性

从前文所述八个方面的关系，可以看到经济改革和政治改革不仅具有多重关系，而且具有鲜明的规律性。

一、经济改革总是和政治改革相伴而行

政治路线是经济改革的先导；政治标准和政治判断的改变推动了经济改革；经济改革的主体内容，多数属于经济改革和政治改革的结合部；经济改革成果需要法治建设的巩固。这些历史现实说明，经济改革从来就不是孤立进行的，总是与各种层次的政治改革结合进行。

经济改革和政治改革的这种关系，既是由经济基础和上层建筑的一般关系所决定的，更是由中国国情和中国改革的特点决定的。

中国的经济改革是在执政党和政府领导下进行的改革，是自上而下发动和组织的改革，没有执政党政治路线改变做先导，没有相应的政治标准和政治判断的改变，经济改革是不能突破、推开和深化的，甚至是根本不能发生的。因此，执政党的思想路线和政治路线是经济改革的生命线。

同时，中国经济改革面对的是计划经济旧体制。这个体制实际上是“政府包揽一切”的体制。所以，要改变这个体制，几乎都与政府相关。企业要成为自主经营的市场主体，就必须“政企分开”，再不能是“政府附属物”；要建立真正的市场体系，让价值规律发挥作用，就不能再搞政府定价，而由市场形成价格；政府要做一个合格的宏观调控者，就必须善于利用经济杠杆。如此等等。

总之，改革旧经济体制，建立新经济体制，必须改变政府原有的定位、职能和行为。政府属于上层建筑，政府定位、职能、行为的改革，实质上是上层建筑的改革，应该属于政治改革的范畴。

观察中国的经济改革，许多改革内容既可以归入经济范畴，又可以归入政治范畴。认识到这一特点，才能更自觉地运用经济改革和政治改革两者结合的办法推进改革，同时可以澄清一些模糊认识。有人认为，中国经济改革取得了巨大成功，但政治改革似乎没有进展。这种看法是表面的、片面的。因为事实并非如此。中国经济改革在自身获得成功的同时，也促进了政治改革的长足进展。看不清这一点，就不可能深刻理解中国的经济改革和政治改革的实质和特点。

二、经济改革“深水区”是政治改革“深相关区域”

经济改革“深水区”，即经济改革和政治改革深相关区域。这个区域的经济改革，不仅触及深层经济问题，而且与政治问题更加密切相关，不仅具有经济的复杂性，同时具有政治的敏感性。

我们常说，经济改革已经进入“深水区”。什么是“深水区”？简言之，即经济改革和政治改革深相关区域。这个区域的经济改革，不仅触及深层经济问题，而且与政治问题更加密切相关，不仅具有经济的复杂性，同时具有政治的敏感性。于是，改革变得更加艰巨困难。

深水区主要是三个区域：国计领域、民生领域、政府行为。

1. 深水区之一：国计领域。

所谓“国计领域”，是指关系国民经济基础和命脉的经济领域，如资源领域、能源领域、金融领域、电信领域等。这些领域目前基本上还是国有企业的一统天下。这个领域应该如何深化改革，存在着不同认识。一方面有人指责“国有企业靠垄断进行不平等竞争”，另一方面有人主张“国有企业从竞争领域退出”，甚至有人说“国有企业就是掠夺民财”等等。中央提出两个“毫不动摇”：毫不动摇控股和发展公有制经济，毫不动摇鼓励、支持、引导非公有制经济发展。但这一方针如何具体落实还是一个尚待解决的问题。再如，鉴于在国际上要面对西方国家成熟的金融体系和接连发生的亚洲和世界金融危机，金融改革和金融安全如何兼顾，更是十分复杂棘手的问题。这些都是关系全局的政治性很强的问题。

2. 深水区之二：民生领域。

所谓“民生领域”，是指经济改革向全社会的横向延伸。它包括社会分配制度改革和各种社会保障体系的建立和健全，也扩展到文化、科技、教育体制的改革。民生领域直接关系到广大群众的切身利益，关系到改革成果共享，关系到社会各阶层的关系，更关系到广大人民群众对改革的评价和态度，最终关系到人民群众对政府、对执政党的评价和态度。

政府税收和财政制度的改革，是“用自己的刀削自己的把儿”，直接涉及各级政府之间的权利和利益调整，存在着中央利益和地方利益的“博弈”。

3. 深水区之三：政府行为。

所谓“政府行为”，是指经济改革对政府行为改变的纵向深化。政府行为包括两个方面：一个是政府和社会之间的关系和运行机制；一个是政权内部的关系和运行机制。这两个方面是密切联系在一起的。

任何一个行政区划，虽然不是经济法人主体，但无论从政绩考核还是从实际经济利益来说，都是相对独立的利益主体。每一个地方政府，都会为维护和谋取自己这个主体的利益而努力。毛泽东在《论十大关系》中，就提出要发挥中央和地方两个积极性。不承认相对独立的地方利益存在，是不现实的。

中央政府与地方政府的关系和机制不顺，会影响到各级政府的统一和有效，以至影响到整个政权与社会的关系。税收和财政制度的改革，是解决政府行为这两个方面问题的结合部。这项改革不仅是“用自己的刀削自己的把儿”，而且直接涉及各级政府之间的权利和利益调整，存在着中央利益和地方利益的“博弈”，再加上财税制度本身的专业性，使得艰巨性、复杂性和敏感性大大增加。

经济改革和政治改革相结合才能推进科学发展

“发展是执政第一要务”。科学发展必须靠经济改革和政治改革两者结合推动。

什么是科学发展？最初人们理解它主要针对经济发展方式而言，

即改变粗放发展方式为集约发展方式。但是，如果把“以人为本”作为科学发展的基本宗旨，把“全面、协调、可持续”作为科学发展的基本要求，那么“科学发展”的内涵已经远远超出“经济发展”的范畴。党的十八大提出“五位一体”建设有中国特色社会主义，实际上就全面概括了科学发展的内涵，涵盖着政治建设、经济建设、文化建设、社会建设、生态文明建设五个方面。经济建设是基础和中心，但如果政治、文化、社会、生态等方面的建设跟不上，不仅经济建设难以持续前进，而且会造成社会矛盾上升，人们幸福指数下降，“以人为本”和“执政为民”的基本宗旨都难以完满实现。

为什么科学发展必须靠经济改革和政治改革相结合？

经济改革和建立社会主义市场经济体系，从政治经济学角度说，就是改变生产关系促进生产力的发展。生产力的发展当然是社会发展的基础，但并不能代替和等同于社会发展的全部。

光靠市场经济并不能解决社会一切问题。有两个重要理由：

第一个理由，市场经济有其负面效应。市场经济的核心价值观是金钱，人们追逐的是效益和利润的最大化，市场经济中的“马太效应”（钱越多越容易赚钱）会导致社会收入差距的畸形扩大，加剧社会矛盾。同时，这种经济形态很容易助长“拜金主义”和只认钱不认人的非道德思想行为。过去的改革过程中，有人提出市场经济的负面作用，就被认为是反对改革，或者认为这是我国市场体制还不健全所造成的。其实这种看法并不全面，我们不能把市场经济过分理想化和神圣化。在西方市场经济很成熟的国家，市场经济的负面效应同样是非常明显的。

第二个理由，市场经济原则的局限性。市场经济的基本规律是价值规律，它是按照等价交换和供求关系的原则运行的。这些规律和原则并不直接适用于社会各个领域。各种社会保障体系就不是按照等价交换的原则运行的。科技、教育、文化等领域，也不是完全按照价值规律运行的。至于政治、军事、社交、家庭等领域，更要防止市场原则的“侵入”。所以，要反对“买官卖官”，要反对“权钱交易”。

必须明确，我们要建立的是“市场经济”，而不是“市场社会”。不能把市场原则用于全社会，不能搞“社会市场化”。

经济建设和政治建设、文化建设、社会建设以及生态文明建设是密不可分的。社会的全面发展要靠经济效益、社会效益、环境效益和人本效益的统一。必须通过经济改革促进经济发展，因为经济建设、经济效益是社会发展的基础。但经济效益提高是否损害了社会效益和环境效益？经济效益的成果是为少数人占有还是为多数人共享？经济发展是否导致社会和谐和文化进步？人本效益除了物质效益之外，是否还应该包括拥有相应的权利和尊严？解决这些问题，不能完全靠价值规律、等价交换等市场原则，更要遵循“执政为民”、“人民民主”、“公平正义”等政治原则，即把经济改革和政治改革更紧密地结合起来。

经济改革为政治改革创造基础和条件

经济改革对政治改革的促进表现在以下几个方面：

其一，经济改革为政治改革建立新的经济基础。只有经济基础发生变化，才能引起上层建筑的相应变化。想想看，如果没有建立市场经济的体制，政府职能的转变可以实现吗？如果没有市场经济的实际运行，相关的法律法规依托什么来制定？

其二，经济改革为政治改革创造丰厚的物质条件。任何改革其实都离不开物质条件。物质条件越雄厚，改革越容易进行。道理很简单，“巧妇难为无米之炊”。许多矛盾的引起都和物质基础薄弱分不开，物质丰富可以化解许多矛盾。

其三，经济改革促进社会结构的变化。改革开放以来，工人阶级的空前壮大，知识分子成为工人阶级的一部分，农民工的大量涌现和农村经济的发展，改变了农民阶级原来的构成和素质，特别是一个新的阶层——企业家阶层的出现和发展，中产阶级的出现和发展，极大地改变了我国的社会结构，这就从国体方面为政治改革提供了良好的基础条件。

其四，经济改革为政治改革历练提高队伍。经济改革使广大干部群众经受洗礼，不仅改革意识、改革自觉性和积极性提升了，而且改革承受能力、改革的判断力和操作能力都增强了，为复杂和敏感的政治改革创造了重要条件。

其五，经济改革为政治改革提供可资借鉴的运作方式。经济改革使我们获得宝贵的实践经验，并且在实践经验的基础上已经形成了一整套的理论、路线、方针、政策，形成了一整套改革推进的策略和方法，这些对今后的政治改革都有重要的意义。例如，中国经济改革取得成功的一个重要原因，在于我们进行的是一场渐进式的改革，而没有采取所谓“休克疗法”。这种渐进式改革的原则和方式，同样是政治改革必须坚持的。

论及经济改革和政治改革的关系，有人担心经济改革中形成的既得利益集团会成为政治改革的阻力。这个问题需要分析。

从概念上说，“既得利益集团”和“既得利益者”不同。改革开放使全民受益，从这种意义上说，大家都是既得利益者。“既得利益者”与“特殊受益者”也不同。改革开放以来特别受益因而财富急剧增长的人群，主要是企业家阶层，其中绝大部分是民营企业家。这些人并不反对政治改革，而是希望推进政治改革。至于其他那些主要靠权而富的人群，也就是被指责为“权贵”的这部分人，情况相对比较复杂，一部分人拥有了丰厚的资产，但大部分人目前拥有的是资源支配权，还不是可以合法继承的财产所有权。这些人可能会有保守既得利益的倾向，但如果认定他们已经形成了一个“集团”，并抵抗政治改革，做这种估计需要慎重。

在实际生活中，按照一般道理，“既得利益”和改革积极性是正相关的，而不是反相关的。在改革中尝到了甜头，难道反而会不赞成改革的深入吗？笼统地提出“既得利益集团”，并认为这一集团已经成为政治改革的阻力，则可能因为过高估计了这种情况的严重程度，树立了一个“假想敌”，造成不必要的分裂和纷争。过去的经济改革中，也有人提出什么“改革派”和“保守派”的说法，但高层对此始终不予采纳，小平同志甚至提倡“不争论”。这是一个非常聪明的战略。尽管要承认不同的人对改革的态度有所不同，但改革只有一个对立面，那就是旧体制。把尽量多的人团结起来，一致对旧体制开刀。

除此之外，还有一个经济改革和政治改革的“同步”的问题。在这里，关键是如何理解“同步”的概念。如果把它理解为经济改革和政治改革总是相伴而行，经济改革常常在和政治改革的结合部发生，这是对的。但如果把“同步”理解为经济改革和政治改革必须齐头并进，那就不准确了。

应该承认，经过30多年的经济改革，不仅目标模式早已清晰地确立，经济体制也发生了根本性的变化，可以说已经基本确立了新的经济体制。政治体制改革与此相比，进展的程度显得滞后，目标模式还不够完整清晰，新体制的建设还远远没有到位。这种滞后带有某种必然性。既然我们承认经济是基础，政治是上层建筑，在新的经济基础尚没有完整建立的时候，要求上层建筑很完善是不现实的。这正像盖一座大楼，地基没有搞好，楼房就不可能完全建好。我们的任务是在基础打好之后，不失时机把楼房盖起来，而不是谴责和埋怨。

经济改革不能替代政治改革

不同范畴包含不同的内容和矛盾。经济是解决人和财富的关系，文化是解决人和精神的关系，生态是解决人和自然的关系，政治是解决人和权利的关系。因此，经济改革不能替代政治改革。

> 经济是解决人和财富的关系，政治是解决人和权利的关系。因此，经济改革不能替代政治改革。

改革开放以来，经济获得了巨大发展，人和财富的关系改变了。但是，“腐败现象”引起了人们对现行政治体制的强烈不满。腐败是一种权力派生的消极现象，是公共权力和个人私利非法结合的“权钱交易”。只要社会永远存在着权力和利益，便会永远存在着两者非法结合的可能性，这就是腐败的社会根源，经济体制和政治体制则决定了它的程度和方式。腐败问题光靠经济改革解决不了，还必须靠政治体制改革。好的政治体制可以遏制腐败的滋生和蔓延，坏的政治体制则可能助长腐败，甚至导致政权的不可持续。

我国政治体制改革的基本方向，是使政体更能与“人民当家作主”的国体相衔接，和执政党“执政为民”的宗旨相衔接，核心是建立实现社会主义民主的政治体制。正如党的十八大报告所说，“人民民主是我党始终高举的光辉旗帜”，“强调人民民主是社会主义的生命，坚持国家一切权力属于人民，不断推进政治体制改革”。

我国现行政治体制的基本弊端是官民关系失衡，形成了强势的官权和弱势的民权的连接。

所有国家的政治体制的基本矛盾都是官民关系。我国现行政治体制的基本弊端是官民关系失衡，形成了强势的官权和弱势的民权的连接。“官管民”比较顺畅，“民管官”实现困难。现代社会的政治权力中，按职能分有立法权、司法权和行政权，按主体分有党权、官权和民权。西方国家实行立法、司法、行政三权分立，但这种体制成本高、效率低，不适合我国这样的发展中国家。我国可以考虑实行党权、官权、民权“三权协调”的政治体制。民权是基础，官权是管理，党权是统领。要推进党政分开、法治政府、增强民权。理清了总体思路和框架，就可以稳妥而有序地推进渐进式政治改革了。

经济改革和政治改革的关键是政府改革

人们说，改革是利益调整，其实就是权力调整。这里主要从“权力调整”的角度阐述“关键是政府改革”这个命题。

权力是体制的核心，不调整权力的性质、范围、设置和结构，就无所谓体制改革。

无论是经济体制、政治体制、文化体制、社会体制，我国的原有体制都有一个共同的特点，权力都集中在政府。什么事都以“官批为准，官有为主，官管为妥，官办为好”。所以，权无巨细大都掌握在政府手中。这些权力当然有政府应该拥有的权力，但也包含了一些政府“管不了”、“管不好”、“不该管”的权力。权力是体制的核心，不调整权力的性质、范围、设置和结构，就无所谓体制改革。

经济改革的成功，也可以看做是政府权力性质和结构调整的成功。政府放弃了过去拥有的企业决策权和市场一口定价权，转而主攻改善宏观调控权，这就是一个大调整。今后，无论是经济改革、政治改革还是社会改革，都涉及政府权力的调整问题。

权力的调整，一般是通过放权、让权、授权、减权、加权、改权等多种途径进行。无论通过什么途径都要按市场化的要求，实现权力的复位。例如资源配置权、要素定价权要回归市场。企业决策权和经营权要放权给企业，政府审批权要大大减少，事业单位的主办权要改制，各种社团的主管权要取消，行业管理权尽量交给各种行业协会……减少权力是为了加强和改善权力，不该管的不管了，该管的才能集中精力管好。

当然，政府改革还必须解决两个问题：一个是“把权力放在笼子中”，这就是依法行政。一个是“让权力在阳光下运行”，这就是权力监督，其中也包括权力调整。

“权力调整”对企业单位、事业单位、社团单位来说，可以看做是一种“解放”。

“权力调整”对企业单位、事业单位、社团单位来说，可以看做是一种“解放”。这些单位从政府改革中获得自己应有的权力，就可以更好地按照自身的规律办事，可以各得其所地发展。政府把那些不该管、管不了、管不好的权力放掉了，更能按照自身的规律办事，可以大大提高效率，并减少腐败，这也是一种解放。

“政府包揽一切”，一切矛盾、一切麻烦、一切抱怨都会落到政府身上，这就叫做“费力不讨好”。一个大家庭的家长，如果把子子孙孙的一切事情都管起来，都是自己说了算，这个家长即使累得要死，也肯定当不好，家长和子孙们的关系还会紧张起来。

“权力调整”实质上是执政党执政方式和执政方法的改进。“党是领导一切的”，执政党必须依托政权才能更好地实现自己的意志，但不能把它演绎成“政府包揽一切”。认为只有政府直接管起来才是最可靠的，什么都要通过政府来管才放心，才能解决问题，这就是形成旧体制弊端的重要原因。思想、理论、路线、方针和政策统领全局，法律覆盖全社会，对于权力则要认真分析。毫无疑问，政权是全社会的核心权力。政府是政权的主要载体。政府权力无效，无政府状态就是最糟糕的。但社会“核心权力”不等于社会“一切权力”。

社会权力是涵盖各种权力的庞杂体系。各种权力应该按照匹配原则，使各种主体各得其所，政权的运行和社会的运行才会更顺畅。例如，我们明白了，企业决策权和经营权不应该归属于政府，政府把它还给企业，企业就发展了，经济也发展了。例如，有些人还不明白，社团组织在法律范围内拥有独立运作权是没有风险的，不必非由“政府主管”。

过去我们也常讲“集权”和“分权”，但都限于党政自身范围内，即中央集权和地方分权的问题。其实，经济改革和政治改革也是这样。除了党政领导机关的集权和分权问题，还有一个政府集权和社会分权的问题。按照客观实际和客观规律，恰当地解决这两类集权和分权问题，是经济改革和政治改革的关键所在，也是执政党执政艺术的具体表现。

延伸 Extended readings

中国面临的挑战和应对策略

竹立家

核心提示

今天的中国已进入转型社会。转型就意味着风险，未来5至10年的改革举步维艰，政府责任也在加大。未来的路应该如何走？要了解中国现实，必须认清转型与战略这两个关键词。未来30年的改革，要建立起一个良好的社会运行机制，使中国社会变成一个高度信任的社会，使每个人都有温馨感和安全感。

“转型”意味着风险社会来临。从现阶段看，我国风险社会的特征已经非常明显，包括对未来改革预期的不确定性也在增强。未来5至10年中国改革举步维艰，政府责任也在加大。

转型社会面临的四大挑战

我国进入转型社会，主要有四大标志，也可以说是四大挑战。

第一个挑战，政府威信在下降。

政府公信力下降必然造成治理能力和成效的下降，我国未来的改革、发展、社会稳定等，都面临着严峻考验，需要花更大力气。

第二个挑战，不负责任现象非常突出。

一些部门、组织、公共机构，以部门利益甚至个人利益为重，置国家、民族、人民和集体利益于不顾的现象时有发生。比如，食品安全事故、拆迁事故等。一旦组织不负责任，社会治理的难度就会加

竹立家
哲学博士，公共管理专业博士后，美国哈佛大学肯尼迪政府学院访问学者。国家行政学院公共管理教研部教授、公共行政教研室主任。

大。所以，要抓责任机制。

第三个挑战，理论的不在状态和现实的不在场。

> 社会主义又到了一个需要理论创新的时候,我们的学术界却基本上是解释派。在很多学者的研究实验里,把中国的现实系统排除在理论思维之外。不能只有一个人在说真理性的话,其他人只对真理性的话做注释。

思想家应当是出思想的，比如康德、黑格尔、马克斯·韦伯都是这样。反观目前国内一些研究问题的专家学者，往往顾左右而言他。社会主义又到了一个需要理论创新的时候，我们的学术界却基本上是解释派。在很多学者的研究实验里，把中国的现实系统排除在理论思维之外。不能只有一个人在说真理性的话，其他人只对真理性的话做注释。这些问题的产生都与我们的理论不在状态和现实的不在场有关。

第四个挑战，主体意识崛起加大治理难度。

中国社会过去的一致性正在向多样性转化，特别是微博等新媒体形态的出现，每个人都可以表达见解。80 后、90 后的主体意识，更比上世纪五六十年代出生的人强得多。主体意识的觉醒与强大，是人类历史进步的一个表征。可是，很多人认为主体意识的不一致会把社会搞乱。古语讲，君子和而不同，小人同而不和。我们说和谐，就是承认多样性，只有多样性才能出现和谐。主体意识的强大，总体来说是好事，但同时也把我们带入风险社会，加大了社会治理难度。

中国进入转型社会的这四个标志，每个都是要做的大工程。这要求我们必须深入研究中国社会现实，研究下一步的改革路径。事实上，政府决策层正在试图从理论上解决这些问题。比如，我国从 1982 年至今进行了 7 次政府机构改革，只有 2013 年的这一次把职能转变放在了方案的标题里，提出“国务院机构改革和职能转变方案”。职能转变要重点解决机构内部绩效机制、责任机制、奖惩机制的建立问题，使政府机构内部的运行机制符合现实需要，符合我国已进入风险社会这一状况。

目前社会存在的五大问题

目前，中国社会存在五大问题。

第一，贫富差距持续扩大。

2000 年，我国的财富分配是“二八开”，即 20% 的人占有 80% 的财富，80% 的人占有 20% 的财富。2010 年，一项联合调查则显示，财富分配变成了“一九开”，有学者提出中国现在是世界上贫富差距最大的国家之一。

第二，三农问题日益突出。

城镇化进程中，大批农民进城的法律成本、安全成本、财政成本都很高。三农问题搞不好，也是中国未来发展的一个重要隐患。

第三，腐败问题久治不愈。

先治标后治本，就是先止血后治疗，这是正确的。可怎么止血呢？各级主要领导干部要向高层学习，公开家庭信息，主要就是这样三项——有几套房子，妻子干什么，孩子做什么。不要光把党章、社会价值挂在口上，要落实在行动上。新一届中央领导上任后，首先改变作风，反对特权，抑制公款吃喝，已经初见成效。

第四，就业问题非常严重。

我国每年约有 700 万大学毕业生，近 800 万职业院校毕业生，农村非农就业人口年均增加 500 万。按照我国每年 8% 至 10% 的经济增长速度，每年的就业能力大约只是 900 万至 1200 万。其他的新增就业人口怎么办？要直面这些问题，采取解决措施。

第五，社会信任出现危机。

有人说，啥都靠不住，领导靠不住，同事靠不住，老婆靠不住，丈夫靠不住。这样的说法未免耸人听闻，却得到了不少人的认同，显示出公众对社会信任的判断已经偏于负面。至于毒牛奶、地沟油等等，更是已经形成了一条相互伤害的链条。

加强战略管理

执政价值理念与制度实践得到人民的认同和拥护，这是执政党执政的合理性之所在。一个国家、一个团体乃至个人，什么都可以失败，但战略不能失败。战略失败是最彻底的失败。

2008 年，一位前苏共政治局委员出版《苏共失败的教训》一书，

> 苏共拥有 20 万党员时夺取了政权，200 万党员时打败了希特勒，2000 万党员时却失去了政权，个中原因令人深思。

提出苏共是战略性失败。长期以来，苏共社会主义价值和社会主义制度处于两张皮的状态。百姓开始相信苏共，因为苏共带他们闹革命、反剥削、要公平。可是，一旦作为公仆的执政者住好房、坐好车，老百姓生活却相差甚远的时候，就必然失去百姓信任，导致一个原本不可思议的局面。苏共拥有 20 万党员时夺取了政权，200 万党员时打败了希特勒，2000 万党员时却失去了政权，个中原因令人深思。

战略事关每个人的切身利益。很多人认为，战略是国家领导人的事，离我们很远。事实上，战略决策决定了每个人的生活水平、生活质量乃至前途。每个人都与社会发展息息相关，

当灾难来临时，任何阶层、任何人都跑不了，只是迟与早、损失大与小的问题。因此，战略是事关群体里所有人的问题，社会各个阶层，特别是管理阶层、政府阶层，人人都要负起责任。

中国未来的改革路径

未来 5 至 10 年，乃至未来 30 年，中国应从哪些方面切入来规划改革大局呢？我觉得，中国未来发展面临四个重大战略转变。

第一，改革重点从经济体制到政治行政体制转变。

> 中国改革的重点要转移，要健全以人民群众为主体的权力结构。

中国改革的重点要转移，要健全以人民群众为主体的权力结构。过去 30 年，我国建立了社会主义市场经济体制，经济改革已经完成了体制性改革。中国没有解决的体制性问题是政治行政体制，要以公正为中心，重构中国改革话语。实现社会公正，权力配置是关键。在权力配置中，人民群众必须占主导地位。

第二，尽快完成从现代化到现代性的转变。

社会现代化是一个过程，现代性是一个结果。实现中国梦，就是要实现一个现代化的中国梦。根据发展经济学和发展政治学的观点，人均 GDP1000 到 3000 美元是初级现代化阶段，社会利益比较一致，改革容易达成共识。人均 GDP4000 到 6000 美元是中等现代化阶段，利益出现分化，改革难以达成共识，这一阶段又被称为“发展陷阱”。2012 年我国人均 GDP 达到 6100 美元，已经面临能否跳出“发

展陷阱”的挑战。未来有3种前景：越过陷阱，进入一个稳定的现代社会；掉入陷阱；社会崩溃。倘若社会崩溃，谁都要为此付出代价。

第三，从工业型社会向城市型社会转变。

未来30年是中国一个重要的发展转型期，就是要从生产型经济、资源型经济、加工型经济向技术型、环保型、休闲型经济转变。

第四，从管理层垄断性权力到公民协商性权力转变，即实现从官本位向公民本位的转变。

要实现每个个体的尊严，就必须让社会公民享有选举权、知情权、参与权、表达权和监督权。

构建幸福社会

人民幸福的社会，是实现中国梦的标志。幸福是任何一个社会中个体发展的终极目标，它不是一个对象性概念，而是一个关系概念。幸福是一种持续、稳定的感觉状态，这种感觉状态只能存在于关系中。我们说要建立一个美好、和谐、幸福的社会，就是要建立一个具有良好人际关系的社会。

英国心理学家研究显示，有三种关系决定人的幸福度：家庭关系，决定幸福度的50%；同事关系，占幸福度的25%；朋友关系，占幸福度的25%。从哲学角度讲，人有三个最基本的规定性：唯一性，不可重复性，偶然性。美国有位哲学家讲过，裹尸袋上没有口袋。在世的时候，我们浑身都是口袋，贪婪的人装、偷、拿，恨不得把这个世界都装到自己的口袋里，死了以后什么也带不走，一个口袋也没有。所以要做有意义的事，要与人为善。

从幸福的角度讲，我们需要建立一个公平正义的社会和良好人际关系的社会，这也是幸福的指向。因此，未来30年的改革，主要是从制度安排上建立起一个良好的社会运行机制，包括良好的人际环境，使我们的社会变成一个高度信任的社会，每个人都有一种温馨感和安全感。

名家观点 | Experts' viewpoints

刘 恒 国务院参事、中央财经大学税务学院副院长

从体制和机制上解决发展动力

未来的改革则要调整政府的角色,从体制和机制上解决经济发展的动力问题。

如果说改革开放以来前 30 年的改革是对企业的让利和搞活的话，未来的改革则要调整政府的角色，从体制和机制上解决经济发展的动力问题。

市场经济的环境下，是按照资金去分配资源。预算涉及整个国民经济发展的资金流向，但是我们原来做得并不好。未来应该从制度建设、过程控制和结果评价方面来关注、解决经济发展的动力问题。

秦 晓 博源基金会理事长

改革历程的四条经验

中国改革开放已有 30 多年，应该总结一下当代中国改革历程的经验。

第一个经验：凝聚市场体制导向的共识是推动改革的思想基础。我们需要有思想基础。我们要有一个改革的逻辑，进行一场有逻辑的改革。这个逻辑就是市场机制的建立。如果逻辑混乱了，讲不清楚了，就会缺乏改革的共识。

第二个经验：推进和完善体制的转轨与增长模式的转型是释放生产力的源泉。现在大家对增长模式争论较多，有人讲要依靠消费、内需，有的说政府要主导经济，还有的说政府应该做的是提供公共产品，这也需要形成共识。

第三个经验：自上而下的顶层设计与自下而上的基层创新互动是改革的路径。回顾 30 多年的改革，实际是一个基层创新和顶层创新

的互动，市场和政策的相互回应。财、税、价等问题必须有顶层设计，但也不应该忘记基层的创新，还是应该相信市场的力量。

第四个经验：兼顾短期周期应对与长期结构调整是改革的政策选择。中国经济存在一个所谓的“三元悖论”，就是处理就业、通胀和结构调整的关系。长期以来，中国在就业和通胀之间摆动，结构调整总是被放在后面。我们要处理好结构性和周期性问题的相互关系。

叶　檀　经济专栏作家

地方政府公司化不可取

地方政府不可信，地方政府公司化是罪魁。

一些地方政府一方面充当守夜人的角色，一方面卖地、办银行、招商引资、入股企业，两重身份形成了尖锐的戏剧性的冲突，民众无法相信一个与民争利的利益主体会是可信的守夜人。

民众无法相信一个与民争利的利益主体会是可信的守夜人。

王长江　中央党校党建教研室主任

调整权力分配机制就会抑制腐败

只有上下互动，才能推动中国政治体制改革继续前进。现在中央和地方的权力分配机制被扭曲，中央保留了更多的权力，地方承担的责任却越来越多。这也会助长腐败，比如专项转移支付的不合理存在，就给地方屡屡“跑部钱进”的机会。

政府与市场，边界在哪里

03

KEEPING THE
MINUTES OF CHINA
WITH THOUGHTS

主题

高尚全　政府不能"缺位"、"错位"和"越位"

石　军　推进经济体制转型的路线图

延伸

汪玉凯　划清政府和市场的边界

名家观点

迟福林　徐剑锋　杨宜勇

主题 | Key Articles

政府不能“缺位”、“错位”和“越位”

高尚全

核心提示

政府职能转变是经济发展方式转变的关键。市场和企业能做而且政府不容易做好的事，政府应该让位于市场。建立公平的社会保障体系是发挥政府积极职能，防范市场失灵的重要内容。

近些年来，尽管在走向市场经济的过程中，政府职能已经发生了重要转变，但这种转变还仅仅是初步的，甚至在有些方面是滞后的。

客观地说，政府在不同程度上充当了市场中一个重要的竞争主体的角色。目前经济生活中出现的无序竞争乃至恶性竞争现象，其背后或多或少有着政府竞争的影子。政府过多介入市场的微观层面，就难以站在全局的立场上实行全面统筹，就难免会削弱其宏观调控、市场监管、社会管理和公共服务等职能，甚至导致某些管理职能的扭曲。

高尚全
中国经济体制改革研究会名誉会长，著名经济学家，曾任国家经济体制改革委员会副主任。出版著作《中国的经济体制改革》、《中国改革新论》、《人民本位论》、《高尚全经济文选》等。

出路就是“让位”

在改革与发展中出现的一些深层次的矛盾和问题，是市场不足呢？还是市场失灵呢？主要还是市场不足，改革不到位，政府和市场的关系没有摆正。

一是“越位”。政府管了不少本来应由市场或企业管的事情，本来应该当“裁判员”的，结果当了“运动员”。

二是“缺位”。政府主要应该发挥服务功能，搞好公共服务，提供公共产品。因为服务没有什么权，也没有什么利，所以政府往往不愿意干。政府愿意干审批，因为有权也有利。

三是“错位”。扩大就业渠道，创造就业机会，理应是政府的职责，但是有的政府部门却分片包干企业，直接管理企业的下岗分流，至于投资主体错位的现象也不少。

在改革与发展中出现的一些深层次矛盾和问题，主要还是改革不到位，政府和市场的关系没有摆正。出路就是政府“让位”。

出路是什么？出路就是“让位”。市场和企业能做而且政府不容易做好的事，政府应该让位于市场。总之，要牢固树立人民是创造财富的主体、政府是创造环境的主体的理念，坚持人民的主体地位，树立“非禁即入”的理念，即凡是法律不禁止、大家都可以干的理念。

有了这样的理念，政府就容易转变职能，百姓就会有更大更多的创新空间。虽然部分审批还有必要，但大量的审批应撤除，让市场去调整，让群众去创业。而政府必须依法行政，不能有随意性，要成为有限政府、服务型政府。

政府与市场必须分野

政府职能转变是经济发展方式转变的关键。应推进政府职能转变和投资体制改革，消除地方政府投资扩张的冲动，增强其社会管理和公共服务功能。加快政府职能转变，积极推进政府从全能政府、管制型政府向有限政府、服务型政府、法治政府的转变，强化政府的社会管理和公共服务职能，创造有利于经济发展方式转变的制度环境。

转变政府职能需要进一步调整政府与市场的关系，必须明确政府与市场的边界。必须认识到，经济发展的主体力量在市场，企业和老百姓才是创造财富的主体，政府应该是创造环境的主体。政府的职能要转到为市场主体服务、创造良好的环境上来，主要通过保护市场主体的合法权益和公平竞争，激发社会成员创造财富的积极性，增强经济发展的内在动力。

转变政府职能还要求正确处理好集中与分散决策的关系。改革开放以来，传统体制高度集中的弊端虽然被认识，但集中体制“能办大事”的认识误区依然影响深远。科学决策和执行存在多种约束条件，如信息对称与否，利益取向是否“一致”，决策目标是多重还是“单一”的，长期决策还是短期决策，等等。不解决约束条件问题，很可能大事办不成，负面影响不小。市场经济客观上要求分散决策。政府若存在很强的“集中偏好”，就难于根据走向市场经济的实际进程切实转变职能，反而会把不适当的决策“强加”给市场，甚至代替市场选择。这显然不利于社会主义市场经济的发展。

转变政府职能的同时，要充分认识转轨时期政府的特殊性。政府与市场必须分野。与成熟市场经济国家的政府相比，转轨国家的政府依然具有一些特殊的发展职能。因此，政府对经济的干预是不可避免的。对一个转型中的经济体来说，更需要论证的是，政府的哪些干预是现阶段必需但未来是要“退出”的？哪些干预无论现阶段还是未来都要“退出”的？哪些干预是现阶段和未来都是必需的？只有回答了这些问题，才能真正解释和处理好经济转轨中政府和市场的关系。

转轨国家的政府与市场关系，远不像成熟市场经济国家那样基本“定型”，而是一个市场关系逐步发展与政府职能转变的互动过程。只要坚持社会主义市场经济的改革方向，就必须确立市场机制在资源配置方面的基础地位。这是市场经济的基本特征。

在从高度集中的计划经济体制向市场经济体制转轨的这个历史背景下，市场经济发育不成熟是必然的。现实中的诸多矛盾更主要的是由于市场经济不成熟、市场机制作用不充分所致，并非所谓的市场机制“缺陷”所致。“权钱交易”和公共领域的“缺失”恰恰是市场经济不成熟的表现，是市场“边界”不清的结果，不能作为指责市场经济或市场机制的依据。

问题的症结在于，在处理政府与市场的关系方面，究竟是强化政府职能转变让市场在资源配置中更充分地发挥基础作用还是强化政府对经济的直接控制力，这是根本方向问题。这个问题搞不清或方向反了，不仅无法最终完善市场经济新体制，而且会对中国经济增长的可持续和稳定形成重大障碍。近年来，尤其是金融危机以后我国的经济发展状况表明，只有加快政府职能转变，让市场在资源配置中更充分地发挥基础作用，才能促使经济发展方式转变，才能使经济社会获得持续健康发展。

平等、公平与法律保护

政府要在市场经济中发挥良性作用，成为创造市场环境的主体，就需要保证市场成为资源配置的主体，即让资源通过价值规律的作用自由地在各个市场主体之间流动。而要达到这个目标，其前提是要保证各种所有制经济依法平等使用生产要素、公平参与市场竞争、同等受到法律保护。

政府保障各种所有制经济依法平等使用生产要素，必须深化对各类要素市场管理体制、税收体制的改革。从资源配置来看，我国生产要素市场还很不完善，市场机制还不能充分发挥作用，国有企业与民营企业在获取各类生产要素的难易程度和成本高低方面存在显著区别。这不仅造成了市场主体的不平等，还造成了巨大的资源浪费。

土地、能源、资本等要素市场发育滞后，与政府职能改革不到位有很大关联。土地作为最重要的生产要素之一，大部分掌握在政府手中。在当前的政绩考核制度和征地制度下，土地成为政府的主要财政收入来源和招商引资的手段。往往是一届政府就把几十年的土地都批出去了，结果就是鼓励企业扩张规模，使得我国这么一个土地资源稀缺的大国，还有大量的土地利用效率很低，浪费严重。此外，水、煤、电、油等能源的价格形成机制也不健全。在目前的矿产资源开采体制下，获取开采权的成本很低，也使得价格和成本严重脱离。这种扭曲的价格机制不能反映资源稀缺情况，造成了使用中的大量浪费。

政府保障各种所有制经济公平参与市场竞争，必须打破行政垄断。以金融市场为例，对金融市场的各种干预和门槛限制不仅仅导致利率市场化改革滞后，而且使各种民间资本难以公平地参与到金融市场的竞争中去，最终使得急需资金的中小企业难以获得资金支持，只能求助于民间高利贷。与此同时，一些上市公司和国有企业通过金融市场获得资金后，不是投资房地产就是放贷，以求高额利润。长此下去，很不利于实体经济的发展。

市场经济作为法治经济，政府还应当保障各类所有制市场主体公平受到法律保护。从现实情况来看，民营企业尤其是民营非上市公司的合法权利的法律保障程度，还难以达到最基本的要求。在市场经济环境下，各类交易主体之间难免发生各种纠纷，而依据法律可预见的、公正的司法处理结果，能够消除矛盾，恢复正常的市场秩序。

我国司法实践当中企业之间的纠纷处理的干扰因素过多，导致市场主体的合法权利往往难以受到保障。这种现象在民营企业当中尤其显著。更有甚者，民营非上市公司各种财产权利还受到各种腐败势力的压榨，并难以受到法律的公正保护，其结果是企业创新积极性不足，资本大量外逃。政府要创造良好的市场环境，就必须保障各类所有制市场主体的合法权利。

权利公平、机会公平与规则公平

建立公平的社会保障体系是发挥政府积极职能，防范市场失灵的重要内容。市场经济优胜劣汰的规律，决定了市场在优化资源配置的同时，也会产生许多失败的被淘汰者。即使是市场竞争的优胜者，有时也难免因为天灾人祸的影响而遭遇难以为继的危机。公平的保障体系能够为市场主体参与市场竞争免除后顾之忧，促进市场经济的和谐健康发展。

建立以权利公平、机会公平、规则公平为主要内容的社会公平保障体系，也是科学发展观的要求。以人为本的基本要求是全面协调可持续，根本方法是统筹兼顾。贯彻落实科学发展观，重要的任务在于为广大社会成员提供有效的义务教育、基本医疗、公共卫生、公共就业服务和基本社会保障等基本公共服务，使经济发展的成果充分体现为人的全面发展。通过促进人的全面发展，为中国经济发展方式转变和经济社会的可持续发展积累日益强大的人力资本。

从国情出发，社会公平保障体系的建设主体是政府。在社会公平的保障体系中，政府发挥着关键性的作用，这与其公共职能的定位高度相关。各级政府如果不能充分体现民意，顺利进行职能转变，保障体系就很难建立和完善，为公众服务的积极性就很可能为机构的私利所左右。建设服务型政府，不仅包括政府自身机构和职能的演变，而且还涉及政府的行政运行机制、政府功能与市场功能的界定，以及政府行为的规范乃至行政权力来源与约束等更为丰富、广泛的领域。这一政府转型的进程，客观上要求相关领域的经济、社会、政治、文化以及生态机制的协调配套推进。

推进经济体制转型的路线图

石 军

核心提示

推进经济体制转型的立足点是营造活力企业，着力点是正确处理政府与市场的关系，拉动力是“开放、改革、管理”三驾马车。

石 军
法学博士。曾任甘肃省委常委、副省长。现任全国政协经济委员会副主任。兼任北京理工大学等八所高校的教授或研究员。出版著作《中国特色现代企业制度的培育和运作》和《世纪抉择》等。

我国由传统经济计划体制转为社会主义市场经济体制的转型过程，已经进入完善市场经济体制攻坚阶段。这一阶段，各种矛盾复杂尖锐，深水险滩横亘面前。怎样才能涉过深水险滩、顺利到达理想彼岸？我认为，最重要的是找准立足点，抓住着力点，凝聚拉动力。

立足点：营造活力企业

推进体制改革转型，应该把立足点放在营造企业活力上。这里讲的活力企业，主要是指在科技进步、经营机制和内部管理等方面，具有较强创新能力的企业。这样的企业，既是以市场需求导向生产经营的企业，又是以技术创新驱动发展壮大的企业，还是以现代制度保障有效运转的企业。

具有活力的企业，既是市场的细胞，又是市场的主体。改革开放以来的实践证明，营造企业活力必须作为经济改革的立足点。改革初期，企业通过承包，较好地解决了“大锅饭”的问题，激发了企业内部的积极性。随着改革的推进，通过建立现代企业制度，扭转了企业管理落后的被动局面，促进了经济体制改革，推动了与国际惯例和规则的接轨。

国际激烈竞争的需要倒逼我们把营造活力企业作为立足点。企业在国际市场上打拼，国内经济体制又障碍重重，在很大程度上扯了企业打拼的后腿。解决的办法，只有一条倒逼路径，就是：国际激烈竞争——倒逼活力企业营造，活力企业营造——倒逼经济体制转型。

我国正在建立完善的市场经济体制（主要包括市场体系、市场主体、调控体系、法律体系），从完善市场经济体制的要求看，需要把营造活力企业作为立足点。这是因为：其一，只有按照营造活力企业的需要，推进市场体系建设，才能有针对性地搭建统一、开放、竞争、有序的市场平台。否则，就会使市场体系建设偏离生产力发展的要求。其二，只有按照营造活力企业的需要，推进调控体系建设，才能使政府调控更加符合市场经济规律。其三，只有按照营造企业活力的需要，推进法律体系建设，才能使法律起到保障公平的作用。

从马克思主义的基本原理看，理应把营造活力企业作为立足点。马克思主义的基本原理告诉我们，只有生产关系跟上生产力发展的要求，上层建筑适应经济基础发展的需要，才能激发企业发展的活力，推动生产力更好更快发展。实践表明，偏离生产力发展特别是企业发展的要求和需要，去调整生产关系和上层建筑，从来不会取得成功。

现在，我们非常注重研究生产关系，很少研究生产力发展规律，更缺乏对企业发展规律的研究，而生产力尤其是企业发展规律恰恰正是应该研究的重点。当然，研究生产关系，也要研究生产力，但研究的侧重点不同，最后的说法就会不尽相同。生产力决定生产关系，经济基础决定上层建筑，这是经济社会发展的一条基本规律。我们在确定经济体制转型立足点过程中，应该而且必须遵循这一规律。

营造活力企业涉及诸多相关要素，需要做若干方面工作。最重要的是企业创新和政府改革。就企业创新来讲，主要是推进机制创新、技术创新和管理创新。机制创新的基本途径是实行产权主体多元化，建立完善现代企业制度；技术创新的关键是健全激励机制，加大科技投入，深化产学研结合，着力推进自主创新；管理创新的重点是坚持以人为本理念，重塑企业文化，充分调动员工积极性和创造性。就政府改革而言，关键在于简政放权，转变职能，着力支持企业创新。

着力点：正确处理政府与市场的关系

要发挥市场配置资源的基础作用，最根本的问题是把政府理应回归市场的权力回归市场。

传统经济计划体制转位市场经济体制，最根本的问题是充分发挥市场机制配置资源的基础作用；而要发挥市场配置资源的基础作用，最根本的问题是把政府理应回归市场的权力回归市场。因此，推进经济体制转型的着力点，必须在于正确处理政府与市场的关系，特别是深化政府改革。

怎样处理政府与市场的关系，是一个世界性的难题，也是理论界一直争论不休的话题。1776 年，英国经济学家亚当·斯密在《国富论》中提出，通过市场机制自发调节，各人为追求自己利益所做的选择，自然而然地会使社会资源获得最优配置。经过 200 多年的争论后，美国经济学家萨缪尔森在《经济学》中提出，所有的社会都是既带有市场经济成分，也带有指令经济成分的混合经济，从来没有一个百分之百的纯粹的市场经济。经过若干回合交锋，这一重大问题终于有了较为一致的说法：这就是政府这只看得见的手和市场这只看不见的手都应运用。但是，到底怎样才能用好，却始终没有圆满的答案。

实际上，在经济运行过程中，政府这只看得见的手和市场这只看不见的手的作用是不同的。市场这只手是通过发挥市场机制配置资源的基础性作用来推动经济发展的，政府这只手是通过依法行政来保障经济运行公平的。正确处理政府与市场的关系，就是要使看得见的手和看不见的手各司其职、协调动作，共同推进经济发展。

我国改革开放前，只有看得见的手，没有看不见的手。经过改革开放，我们才有了市场这只看不见的手。现在看，要处理好政府与市场的关系，关键在于加大政府改革力度。这是因为，处理政府与市场的关系，必然涉及利益和权力的调整。而利益和权力的调整，必然聚焦到政府改革。政府是权力的行使者，权力是体制的核心层，只有搞好政府改革特别是权力调整，才能有效推进经济体制转型。加大政府改革力度，就是要把应该属于市场的权力，统统回归市场；应该政府行使的权力，严格依法行使，真正使政府由主导市场转变为主导市场环境。

具体来说，应该做到这样三点：

一是充分发挥市场配置资源的基础性作用。政府不再主导资源配置，而是按照市场经济规律，加快推进要素市场化改革，保证企业平等使用生产要素。

二是对国有企业和民营企业一视同仁。政府不再以所有制路线，而是通过建立权力平等、机会公平、规则公平为主要内容的社会公平制度，保证企业公平参与社会竞争。

三是以经济法律为行政准绳。政府不再以言代法，而是建立完善和确保落实法律法规，保证企业同等受到法律保护。

上述内容，可以聚焦为下面的路线图——

搞好政府改革，实行简政放权，对市场而言，是发挥其配置资源

搞好政府改革，实行简政放权，对政府来说，是将无限政府转为有限政府和有为政府的关键环节。

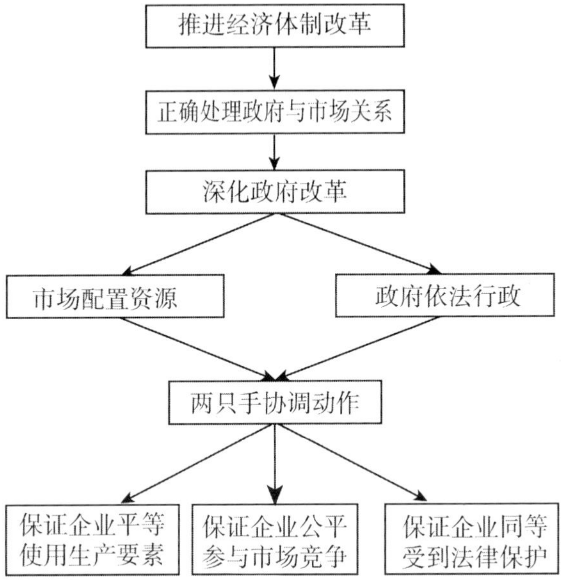

基础性作用的根本所在；对政府来说，是将无限政府转为有限政府和有为政府的关键环节。政府就像一个大家庭的家长，如果把所有权力都握在自己手中，即使家长累得要死，也肯定当不好。如果把理应回归市场的权力回归市场，就会使市场经济体制尽快完善起来，就会调动各个方面的积极性，就会使国家更加繁荣富强，也会使大当家更加有为，这正是中国梦的重要内容。

拉动力："开放、改革、管理"三驾马车

严格地讲，经济体制转型和经济体制改革的内涵是不一样的。经济体制转型是经济改革的目的，经济体制改革是经济体制转型的手段。要推进经济体制转型，不仅要靠经济体制改革的这一种手段，还要靠对外开放和强化经济管理这两种手段。这就是说，经济体制转型要靠"开放、改革、管理"三驾马车共同拉动。

"开放、改革、管理"三驾马车，实际是"开放打头、改革跟上、管理保障"。

"开放、改革、管理"三驾马车，实际是"开放打头、改革跟上、管理保障"。开放打头，就是走出去、引进来；改革跟上，就是

针对走出去、引进来遇到的体制机制问题，逐一采取相应改革措施；管理保障，就是将改革过程中形成的成功做法，上升到制度和政策层面并抓好落实，以强化管理来巩固发展开放和改革的成果。

为了更好地说明“三驾马车”拉动经济体制转型的基本原理及其相互关系，现绘如下总图和三个分图作以展示。

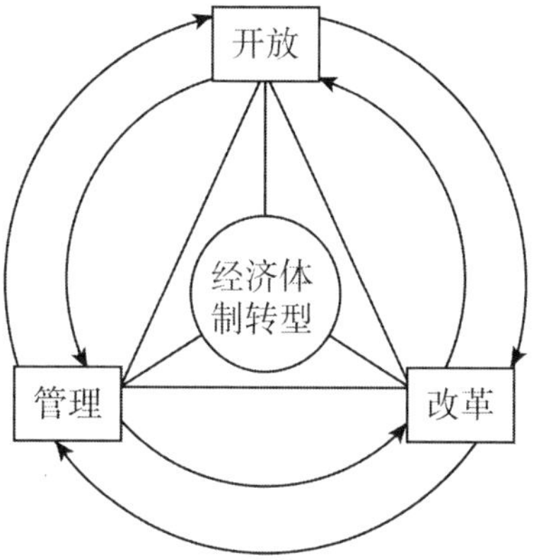

“三驾马车”拉动经济体制转型总图

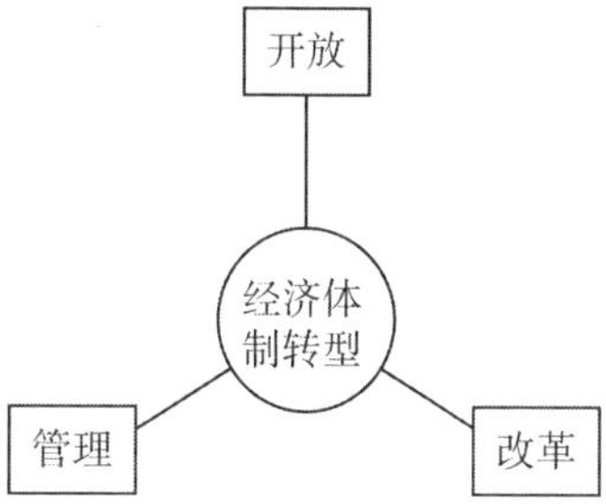

“三驾马车”拉动经济体制转型（分图一）

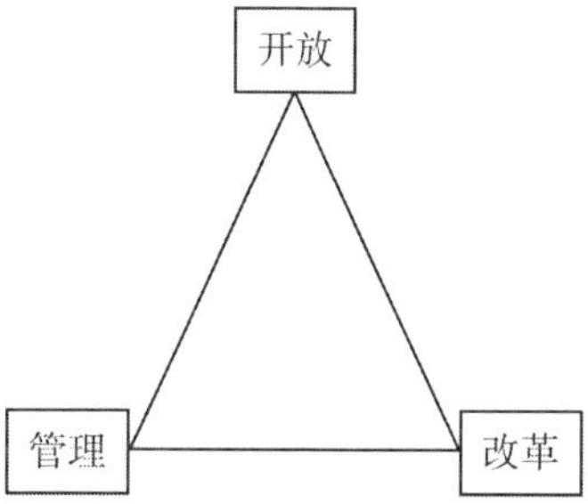

“三驾马车”拉动经济体制转型（分图二）

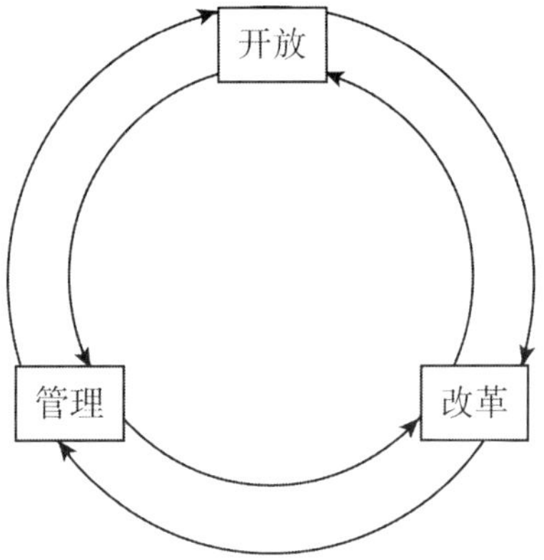

"三驾马车"拉动经济体制转型（分图三）

从总图和三个分图显示的"三驾马车"基本原理分析，无论从任何一个角度看，"开放、改革、管理"这三驾马车都是相互联系、相互影响、因果循环的。也就是说，"三驾马车"只有协同动作，才能有力拉动经济体制转型；若有一驾拉不好，都会制约其他两驾作用的发挥。因此，拉动经济体制转型的"三驾马车"和拉动经济增长的"三驾马车"（投资、消费、出口）一样，都应高度重视，都要善于驾驭，不能顾此失彼，更不能丢掉任何一驾。

应当说明的是，"三驾马车"的重要程度和作用不是固化的，而是动态变化的。在改革成为经济体制转型主要拉动力时，改革的重要程度最高，发挥的作用最大；在需要"开放倒逼改革"的情况下，开放就会发挥比改革更大的作用；在经济体制转型攻坚任务基本完成，需要集中修订和制订更多法律法规的时候，管理则会发挥比开放、改革更为重要的作用。

在国际上争夺话语权和规则制定权、在处理贸易摩擦和经济纠纷过程中，必须采取"开放出题目、改革做文章、管理来保障"的拉动方式。

特别需要提及的是，在目前经济体制转型攻坚中，改革虽然要比开放的任务艰巨繁重，应当将改革放在重中之重位置，但在某些方面，开放则比改革更为重要。比如，在国际上争夺话语权和规则制定权、在处理贸易摩擦和经济纠纷过程中，必须采取"开放出题目、改革做文章、管理来保障"的拉动方式。

过去实践中的经验教训，已经验证了"三驾马车"的基本原理。

一是关起门来搞改革，搞不出什么名堂。二是打开国门搞改革，才能搞出成果来。三是管理水平上不去，开放、改革成果就会大打折扣。用好“三驾马车”，重在聚合“开放、改革、管理”的拉动力，也就是让“三驾马车”形成强大合力。这就需要做到“三同时”，即同时搞好研究部署、同时抓好贯彻落实、同时进行检查整改。

对开放型企业来说，应该循着“开放打头、改革跟上、管理保障”的路径，来用好“三驾马车”；对政府来讲，应该认真分析“开放、改革、管理”的相关要素，研究制定“三驾马车”拉动经济体制转型的顶层设计和路线图。清晰明确“开放、改革、管理”的目标任务，严格实行责任制。充分调动各方面的积极性，切实加大“开放、改革、管理”的协调力度，努力保证“三驾马车”步调一致。

延伸 | Extended readings

划清政府和市场的边界

汪玉凯

核心提示

我们要相信市场的力量，划清政府与市场的边界，更加尊重市场规律，经济社会发展才是健康的。只有把政府与市场、政府与社会的关系理清楚，激发起市场和社会的活力，经济社会发展才是良性的过程。

政府与市场的关系问题，是经济体制改革的核心问题。由于多方面原因，钢铁、水泥等行业上项目都需要审批，可多年来恰恰没能管住管好，以致造成产能严重过剩。相比之下，家电、服装等行业早已走上市场化轨道，不用政府审批，靠市场优胜劣汰，则没有出现严重的产能过剩问题。这说明，我们要相信市场的力量，划清政府与市场的边界，更加尊重市场规律，经济社会发展才是健康的。

汪玉凯
中国行政体制改革研究会副会长，国家行政学院电子政务专家委员会副主任、教授，国家信息化专家咨询委员会委员，主持完成国家十五重大科技攻关项目中国电子政务法律法规环境研究等课题。

政府就应该把更多的权力下放市场

政府和市场的关系是比较复杂的关系，在不同的治理模式下，或者在不同的经济社会发展阶段，政府和市场的关系也在发生变化。

1992 年以后，随着社会主义市场经济体制的建立和完善，我们逐步确立了这种理念，即要让市场在资源配置中发挥基础性作用。只要市场能发挥作用的，就尽量让市场发挥，最大程度地减少对市场的干预。

从过去的发展来看，市场从无到有、由小到大。在这个过程中，政府部门似乎越来越想用行政手段控制社会资源，管制过多、干预过多，影响了市场作用的发挥。党的十八大以后的行政体制改革中，特别强调政府要向市场放权，减少不必要的审批或干预。

如果说过去市场不成熟时，政府过多的干预还是可以理解的话，那么，今天市场越来越成熟，市场机制越来越全面，很多问题可以通过市场来解决，在这种环境下，政府就应该把更多的权力下放市场。所以说，政府与市场的边界并不是“1 + 1 = 2”这样简单的问题。市场越成熟，政府向市场放权的作用也越大。

划清政府与市场的边界

划清政府与市场的边界，就是市场机制能解决的政府就不要干预，当市场失灵或有市场解决不了的问题，如创造良好发展环境、提供优质公共服务、维护社会公平正义等，就需要政府来解决。

首先是在投资方面。谁投资谁负责，由投资者自己承担风险，政府在这方面应该尽量遵循市场规律。有市场需求的时候，投资人肯定比较多，当投资人多的时候，市场需求下降，合作主体就会自动按照市场规律投资，在市场调节下，投资自然就下降了。投资方面我们应尽量减少政府不必要的干预，尤其是对于民间投资。

其次是在市场管控、管制方面。10 年前，国务院大概有 4000 多个审批事项，政府事无巨细，管得太多，市场的作用很难发挥出来。经过几次改革之后，目前还有 1700 多个行政审批事项。很显然，现存的行政审批还是太多，而要取消或下放难度越来越大。新一届政府已承诺，未来 5 年把 1700 多个行政审批事项再精简三分之一。

此外，有些行业我们可以适度控制，在市场成熟时逐步放开。比如，联通、移动、电信三家分开之后相互竞争，市场活了，百姓得了实惠。在某些方面，我们只有相信市场的力量，市场竞争越充分，老百姓获得的实惠越多，企业发展的机会也越多。

用好政府这只“看得见的手”

政府不是只能当被动的“守夜人”，要有所为有所不为。

1997 年亚洲金融危机特别是 2008 年国际金融危机之后，很多国家认为，政府不能撒手不管，应当适度地找平衡，一方面发挥市场作用，另一方面发挥政府的作用，政府在两者之间找到平衡才是最佳境界。

政府不能只被动地当“守夜人”，不能像过去的“守夜人”那样不干预经济和社会，但干预也不可过度。该政府管的必须管到位，比如，食品药品安全、市场秩序、反对垄断、必要的市场准入、打击市场犯罪等。但是，在市场机制能解决问题的领域，在能够让社会发挥作用的领域，政府就应退出，这才是有所为和有所不为。市场是“看不见的手”，政府是“看得见的手”，两只手相互搭配才是良性发展的过程。

激发市场和社会活力，经济社会才能良性发展

我国行政体制改革从 1982 年启动，目前已经改了 7 轮。最大的成果主要体现在四个方面。

一是计划经济体制转为市场经济体制，政府功不可没。如果没有这个转变，就无法理解中国经济为什么能够持续高速增长 30 多年。

二是政府结构发生了根本性变化。例如当年管理机械工业的 9 个部门，现在一个也没了，由协会进行行业自律管理。

三是政府管理的指导思想和理念发生了根本改变。政府权力、职能是有边界的，它不是无限政府而是有限责任政府的理念逐渐深入人心。

四是政府管理的方式、手段发生了改变。过去更多靠行政、法律的手段，现在更多地运用市场化机制。信息化的快速发展，也使管理

手段发生了革命性变化。

对于今后的行政体制改革，与其把它想得简单，不如把它想得更复杂。

首先，要深刻认识行政审批制度改革的背景，充分估计行政体制改革的难度，有效释放改革活力；

其次，行政体制改革直接涉及政府自身利益，能不能有力推进对其他改革影响很大。行政改革自身的阻力风险也很大；

第三，从政府和市场的关系、政府和社会的关系来讲，发展趋势就是减少对市场、对社会不必要的干预，这个过程确实需要时间。

如果简政放权不到位，市场仍然门槛过高，则市场机制仍然无法发挥其应有的作用。如果社会组织没有更多的自主权，那么社会组织也很难承担起社会赋予它的责任。所以，政府如何把该管的管好，把不该管的放出去，达到收放平衡，既需要勇气更需要智慧。只有把政府与市场、政府与社会的关系理清楚，激发起市场和社会的活力，经济社会发展才是良性的过程。

名家观点 Experts' viewpoints

迟福林　中国（海南）改革研究院院长

托底重在"保基本"、"守底线"

在民生建设方面，保障充分就业是大前提，其次是对低收入群体的关注，保障低收入者的基本生活所需。托底重在"保基本"，使社会保障的标准与我国现阶段的经济发展水平相适应；托底重在"守底线"，必须重点关注低收入群体的基本生活，把钢用在刀刃上。

要稳步推进基本公共服务的均等化，具体做法包括严格限制经济适用房的受益范围，把住房领域的公共资源主要用于中低收入者，建立完善以廉租房为重点的住房保障体系。在这一前提下进一步推进住房领域的市场化改革。要推进城乡、不同群体基本公共服务制度的统一，尤其是医疗保险、养老保障的制度统一；要努力缩小财政用于不同社会群体基本公共服务的投入差距，并建立公开的约束性指标。

徐剑锋　浙江省社科院经济所所长

政府要管好该管的

政府要尊重市场机制。对于妨碍公平竞争市场机制的，如行业垄断、进入高门槛、不同经营主体的差异化待遇、利率行政性管理、税制不合理等，要进行深入的改革。

目前中国经济发展到了一个新阶段，一些深层次的体制问题开始阻挠经济的持续发展，所以要全面深化经济体制改革。处理好政府与市场的关系，要以市场机制为基础，政府要尊重市场机制。对于妨碍公平竞争市场机制的，如行业垄断、进入高门槛、不同经营主体的差异化待遇、利率行政性管理、税制不合理等，要进行深入的改革。对于市场机制不足或缺陷的，尤其是市场微观法制管理，如食品安全监督、合法生产、劳动保障等，政府要发挥作用，加强依法管理。政府要管好该管的，不该管的由市场去引导去调节。

杨宜勇　国家发改委社会发展研究所所长

对实体经济产生压力是好事

城乡居民收入要高于 GDP 增长的目标，对实体经济产生压力，这是一件好事。一直以来我们都是“向下竞争”，如印度尼西亚生产一件衬衫 10 块钱，我们就压到 9 块钱，最终压低了劳工的工资。今后，我们应该鼓励“向上竞争”，鼓励复杂劳动。在经济转型的背景下，就是要鼓励品牌建设，鼓励科技创新，变中国制造为中国创造。

解读“克强经济学”

04

KEEPING THE
MINUTES OF CHINA
WITH THOUGHTS

主题 | Key Articles

“克强经济学”重建中国经济

张茉楠

核心提示

“克强经济学”并不完全属于个人，其代表的不仅是新一届领导集体的治国理念与经济智慧，更是对30多年来中国经济实践的总结与反思的结果。本质而言，“克强经济学”就是围绕“市场”、“供给”、“效率”、“公平”四方面实现中国经济的重建。

继英国《经济学人》杂志首提“克强指数”之后，巴克莱资本提出的“克强经济学”也随即引发海内外媒体的高度关注，诸多经济学者则从不同的角度展开对“克强经济学”的解读和讨论。

那么，“克强经济学”的内涵到底是什么？它对当下的中国经济具有什么意义呢？

事实上，新一届政府执政刚过百日，便已释放出三大明确的政策信号：一是绝不会出台大规模经济刺激计划，二是对经济下滑的容忍度在不断提高，三是全面而坚定地推进经济体制改革，让“改革成为中国经济的最大红利”。透过这些政策信号，我们已经找寻到了“克强经济学”的核心和理论逻辑。

本质而言，经济危机很大程度上是经济学的危机，因此，更大的挑战不在经济领域，而在经济学领域。从历史上看，几乎每一次全球大危机的来临，都是对既有经济学的打破和新经济学革命的展开。正如上世纪三十年代“经济大萧条”后，诞生了凯恩斯主义并由此产

张茉楠
国家信息中心经济预测部世界经济研究室副研究员，经济学博士后，中国管理研究国际学会（IACMR）会员，国内最早研究创业型经济理论和政策的学者之一。

生了“罗斯福新政”一样，也正如上世纪七八十年代“大滞胀”后，诞生了以供给学派为基础的“里根经济学”和“撒切尔主义”一样，新世纪的全球金融危机迫切需要新的经济学理论、新的经济信仰与新的政策的出现。

与此同时，中国30多年来的经济发展失衡，也迫切需要新理论的出现，不可能再简单套用或拷贝西方经济学版本。毕竟，中国遇到的问题是西方国家所不曾遇到的，也是中国历史上前所未有的。后危机时代里，影响中国经济的各种影响因素此长彼消，短期矛盾和长期挑战相互交织，外部压力增加将使内部结构调整趋于复杂化，已经到了建立符合中国国情及历史发展阶段的经济学理论体系的时候。

由此而言，“克强经济学”本身就是开创性的，就需要不断被打破、不断被建构和不断被丰富。只有理论上和思路上有突破，中国经济才会有突破。

当前，中国经济面临的最大风险绝非经济失速的风险，而是对既有增长模式的过度依赖。

当前，中国经济面临的最大风险绝非经济失速的风险，而是对既有增长模式的过度依赖。经历了近35年的高速增长，中国经济正迎来重要的转折点。

改革开放以来，中国创造了令世界瞩目的增长奇迹。1978年至2011年，中国GDP年均增速达到9.9%。2003年以来，更有6年实现了10%以上的增长速度。如今，中国经济总量跃升至全球第二位，占世界经济总量的份额由2002年的4.4%提高到2011年的10.4%，已经成为全球最大贸易国、第一大外汇储备国、第一大工业品制造国，中国政府也成为全球第二富政府。然而，地方财政债务风险、信贷扩张、过度投资、生态严重破坏，以及政府掌控过多资源导致的经济效率低下和全社会资源分配的不公正，越来越凸显出支撑经济高增长背后的代价过于沉重，中国必须进行“釜底抽薪”式的深层次改革。

2008年国际金融危机以来，全球经济复苏乏力，增长中枢下移，经济增长低于趋势增长率将成为“新常态”，各国政府重归“凯恩斯管理”。然而，各国实践证明，用赤字财政和货币扩张来创造有效需求的方式并非完全有效，总量刺激之于全球失衡以及根植于各经济体内多年“顽疾”的帮助十分有限。

解决危机从来就没有“速效药”，现在需要的不是一次又一次的政策刺激，而是一场漫长且异常痛苦的经济结构重建。对于已经深受结构失衡发展之苦的中国而言，经济理论创新和政策创新变得尤为重要。

解决危机需要的不是一次又一次的政策刺激，而是一场漫长且异常痛苦的经济结构重建。对于已经深受结构失衡发展之苦的中国而言，经济理论创新和政策创新变得尤为重要。

凯恩斯主义在中国的突出表现，就是政府对微观经济直接干预管制，以及对国有企业的隐性补贴，在某种程度上形成了对市场的替代和挤出，导致市场资源配置扭曲和信号失真。相反，在提供公共产品（社保、医疗、教育、住房）、构筑市场秩序和规则（法治、信用）方面，却出现了“缺位”和“空位”，政府失灵与市场失灵一样增加了负外部性和摩擦成本，降低了经济运行的效率。

此外，凯恩斯主义带来的经济扩张不仅仅是政府过度干预，而是表现为货币发行扩张需求以及负债水平的飙升。周期性政策依赖于高杠杆领域（特别是基建投资）来推动增长，同时私营需求仍然受到抑制，高于GDP复苏速度的杠杆增速难以避免。因此，从中国经济的结构性分化及主要矛盾看，寄希望于财政货币政策刺激的空间已经十分有限。长期的不平衡已经影响到短期的增长，而为了支撑经济增长背后的代价也过于沉重，以高负债刺激经济增长不可持续。

正是在这样的国际国内大背景下，“克强经济学”突破了以往凯恩斯主义需求管理的思维，而是从供给端主动发力，全面推进推动改革。

从“改革是最大的红利”到党的十八大后的“政府简政放权”，再到近期钱荒潮中的“铁腕治理”，“克强经济学”的轮廓已经日渐清晰。巴克莱资本总结认为，“克强经济学”有三个重要支柱——不出台刺激措施、去杠杆化以及结构性改革。本质而言，“克强经济学”就是围绕“市场”、“供给”、“效率”、“公平”四方面实现中国经济的重建。

“克强经济学”有三个重要支柱——不出台刺激措施、去杠杆化以及结构性改革，围绕“市场”、“供给”、“效率”、“公平”四方面实现中国经济的重建。

应该讲，“克强经济学”并不完全属于个人，其代表的不仅是新一届领导集体的治国理念与经济智慧，更是对30多年来中国经济实践的总结与反思的结果。与过去说再见并不容易，这意味着无论有多难，无论前面还会遇到多大风浪，中国经济全方位、深层次的改革之路必须坚定地走下去。带着阵痛加速转型，中国的阵痛期才刚刚开始。

“克强经济学”有明显边界

叶　檀

核心提示

任何政策与理论都有前提、有边界、有变量，“克强经济学”同样如此，边界决定了经济政策的弹性空间不大。经济学家的职责是运用专业知识，提供分析模型与结果，这才是真正的帮忙，而非帮闲。改革任重道远，实现经济软着陆方是大幸。

叶　檀
博士，知名财经评论家、财经专栏作家。《每日经济新闻》主笔、《解放日报》经济评论员，央视财经频道特约评论员。出版著作《拿什么拯救中国经济》、《中国房地产战争》等。

2013年上半年的经济数据，让人们既摸清了市场的边界，也摸清了改革的政策边界。

短短半年，市场人士对“克强经济学”的解读经过了两个阶段：第一阶段以紧缩为主旨，实体经济去库存，虚拟经济去杠杆；第二阶段是在李克强发表“上限”与“下限”的谈话之后，各方抛弃紧缩论，重拾稳增长，纷纷解读上限到底有多高，下限到底有多低，股票市场一改颓势大幅反弹。

前后两种解读大相径庭，显示出某些学者过度热衷为政府阐释数据的尴尬。一些学者过于天真，不顾中国经济现实，希望“克强经济学”大幅紧缩，这必然导致经济硬着陆的严重后果。另一些学者信口解释，某些国外投行经济分析师大力吹捧，其谄媚程度绝不在国内某些政策分析师之下，反正他们进退有据，创造概念可以留芳市场。

任何经济改革都有分析框架，有边界效应，任由经济硬着陆既不负责任也不现实。对中国经济风险应该有清醒认识。

以2013年6月钱荒为例，虽然银行存款突破了百万亿元，并且理论上的压力测试也得出较为乐观的结论，真实版测试的结果却让投资者惊心。银行资产期限错配尤其是中小银行的资金杠杆之紧张，在特定考核节点对于央行“放水”的依赖程度，到了匪夷所思的程度。

房地产同样如此，压低房地产价格固然可获为民请命的美名，却没有考虑中国经济的残酷真相，包括房地产具有金融润滑剂的作用，各个城市缺乏大宗税收来源，对土地财政极端依赖，未来城市化进程中的基础建设仍然靠土地增值收益。一旦土地财政下滑，部分三四线城市会很快沦落为鄂尔多斯的翻版。

再次改革如箭在弦。如果没有经济体制的又一轮改革，中国经济必然在十字路口滑向极左的、普遍贫穷的泥潭。但是，这次改革与上世纪70年代末的改革大不相同，改革空间十分狭窄，缺乏足够的共识，经济虽危机四伏却没有滑向崩溃的边缘，利益群体已有明确划分，理智的改革者注定只能在“螺蛳壳里做道场”进行小步改良，最终实现市场体制大改革。

再次改革如箭在弦。如果没有经济体制的又一轮改革，中国经济必然在十字路口滑向极左的、普遍贫穷的泥潭。但改革空间十分狭窄，理智的改革者注定只能在“螺蛳壳里做道场”进行小步改良，最终实现市场体制大改革。

身为一国总理，对此自然有清醒的认识。以“克强指数”为表征，数据的真实性被提到前所未有的高度，就是证明。2013年以来，外贸进出口数据大起大落，有关部门最初面对质疑一再澄清，最后却一反常态，运用得力举措挤除贸易水分，外贸数据因此变得极端难看。但是，再难看的数据也比造假的美妙数字要好得多。与此同时，对于重点城市地方政府的或有负债，对于地方投融资平台的安全性，对于土地财政的依赖，审计署公报进行了“典型性披露”，暴露的风险足以让国民认识到债务问题的严重性。

引人注意的是，国家统计局的统计数据开始一再强调真实性。以往房地产、CPI、工业产值等遭遇严重质疑时，国家统计局总是在网站发表统计体系内专家的辩诬文章，表示公众产生质疑是因为公众缺乏专业素质。公众对物价、房价、收入差距的感性认知，与国家统计局公布的数据屡屡天悬地隔，统计数据越来越远离常识，结果两败俱伤，公众对于统计局的数据来源不再信任，政府统计数据被边缘化，统计局倾力而为却屡被嘲笑。在GDP与政绩第一的市场，以房地产开发商上报的数据、企业上报的数据、高收入人群自我披露的收入数据作为基准数据，都会成为大笑话。

保持清醒不易，尤其是周边的人、学者纷纷逢迎时，能否长久地保持清醒，是对智力与人性的大考验。保持边界思维是理智的，边界越明确，决策越科学。美联储在实行货币政策时有明确的边界，伯南克在乔治华盛顿大学的四次公开课，强调美联储决策的边界在于经济增长、就业与通胀数据，只要就业低迷而通胀能够控制，美联储就有放松货币的空间。虽然这位美联储主席的讲话常常云山雾罩让市场猜测不断，但美联储制订货币政策的边界是清晰的、预期是明确的。

中国同样如此。李克强所说的上限与下限，具体是指增强调控的针对性和预见性，做到稳中有为，使经济运行处于合理区间，经济增长率、就业水平等不滑出“下限”，物价涨幅等不超出“上限”。这一原则同样强调了经济增长率、就业与物价三项指标，与美联储的三项基本指标大致相符。考虑到中国登记失业率常年维持在4%左右不变，官方经理人指数缺失中小企业数据，已经部分失去参考价值，希望决策者掌握的就业数据更加真实，对于真实的失业率与企业利润心底有数。

经济学家的职责是运用专业知识，提供分析模型与结果，这才是真正的帮忙，而非帮闲。一些利益群体为了自身利益有意曲解“克强经济学”，试图火中取栗，是极端不负责任的。

除了谄媚式解读，庸俗式解读同样众多。

李克强重提稳增长，就有机构分析师大叫货币要放水请买银行股；国务院常务会议刚研究部署加快发展节能环保产业，促进信息消费，就有机构趁机炒作创业板中的环保与信息股，把长远的政策换作了两三天的股票行情。中国当下的改革开未来数百年的路径，绝不会庸俗到为了挽救大型企业再次大发货币，也不会庸俗到为一两家上市公司股价频频吹风。

任何政策与理论都有前提、有边界、有变量，“克强经济学”同样如此，边界决定了经济政策的弹性空间不大。经济学家的职责是运用专业知识，提供分析模型与结果，这才是真正的帮忙，而非帮闲。以吸引上面眼球心态大吹特吹，故做惊人之语，是恶劣的投机行为，一些利益群体为了自身利益有意曲解“克强经济学”，试图火中取栗，是极端不负责任的。

改革任重道远绝非空言，也许还需要几十年甚至百年的时间，中国的改革才能完成从经济技术到经济体制、政治体制的全面革新，实现经济软着陆方是大幸。

延伸 | Extended readings

四种维度定标“克强经济学”

易　鹏

核心提示

通过建立对“克强经济学”定标的四种维度，有利于更科学、精细化、深度认知“克强经济学”，从而加深对中国经济未来趋势的预判。

李克强总理在经济形势座谈会上的讲话引起广泛关注。这次讲话不是照本宣科，是李克强对中国经济形势和经济政策思路一次较为全面的论述。

透过这个讲话，既对当前中国未来将采取什么经济政策有所了解，又对这段时间高频词“克强经济学”有更深的认知，同时有利于构架起对“克强经济学”定标的四种维度。

从目前信息资料来看，“克强经济学”最早出现在《南方周末》有关全国两会的报道中，他们认为“克强经济学”的重点是厘清政府与市场的边界。当然，让“克强经济学”有更广泛认知的，还是巴克莱经济学家黄益平提出的“不刺激，去杠杆，重改革”这三重解读，并在一定程度上因为6月“钱荒”而被各界强化了认知，既有共识也有分歧。

易　鹏
国家发改委城市和小城镇中心研究员。出版著作《易鹏谈区域经济系列》、《低碳真相》等。

总体而看，共识方面比较集中。比如，要推动经济升级版建设，尤其以新型城镇化为主力的“新四化”作为主抓手，通过创新驱动和新思维驱动来打造经济升级版；要强化市场理念，要通过改革的方式简政放权更好地培育市场的力量，让市场发挥成为配置资源的基础性作用；要增加供给，尤其要通过新经济来刺激供给，比如通过推动信息消费来挖掘新的消费热点，通过制度改革来提升居民的收入水平扩大内需；要通过开放促改革，比如通过快速推动上海自贸区建设、贷款利率放开管制，通过开放来形成增量倒逼改革，等等。

分歧方面也有不少。比如，巴克莱“不刺激”的观点就和李克强的讲话有出入。从李克强的角度来看，是否采取刺激政策主要要看中国经济运行是否在合理区间内，非常明确地提出了“上限和下限”的合理区间论，“上限”是看通货膨胀，“下限”是看 GDP 增长速度和就业情况。李克强总理给出了一个非常详细并且很明确的指标——2013 年的 GDP 增长率要维持在 7.5% 左右，通货膨胀不能超过 3.5%，城市登记失业率不超过 5%。在合理区间内重在调结构、促改革，逼近合理空间下限或上限就要相应采取刺激和调控手段来稳增长。

换而言之，如果出现严重脱离下限的情况，大规模刺激也不排除出现，毕竟国际国内经济环境日益复杂，突发经济失速的可能性也存在。但从当前情况来看，2013 年中国经济有把握保持 7.5% 左右的增长，在铁路、棚户区改造、信息基础设施、城市基础设施、营改增和对小微企业减税等方面采取小规模的刺激，就应该可以维持在合理空间内。

透明的政策走向最大的价值是稳定市场预期，让市场主体能够非常清楚未来政府层面采取的经济政策的走势。

这种比较透明的合理区间论，是政府进行调控的一种进步。透明的政策走向最大的价值是稳定市场预期，让市场主体能够非常清楚未来政府层面采取的经济政策的走势，有利于降低市场主体对未来不确定性的风险，提升其加大投入的积极性，从而达到稳增长的目的。

凡事都需要定标，定标可以提高质量和效率，而定标需要建立多重维度。通过对李克强主政中国经济以来采取的一系列政策，可以对“克强经济学”建立起四个基本的维度来定标。

第一种维度：政策思路维度。

必须认识到“克强经济学”并非是指一种经济学理论，不能同古典经济学或凯恩斯理论等这种理论层面来做对比，而应该是指

“李克强经济政策思路”，具体化而言就是本届中国中央政府经济施政的思路和框架。这种经济政策以主导者来命名早就有先例，比如“里根经济学”和“撒切尔主义”，也包括最近日本的“安倍经济学”。建立起“克强经济学”是一种施政思路的维度，能够有利于各界更科学地解读“克强经济学”，便于形成推进经济发展的共识。

第二种维度：时间维度。

现阶段对于“克强经济学”的全部内涵予以解读还为时过早，新一届政府组成时间不长，施政思路还有待进一步完善。随着党的十八届三中全会对中国各种改革的路线图出台，会更加充分展现“克强经济学”的更多内涵。考虑到李克强主政中国经济的周期或许将是十年，“克强经济学”的政策思路还会不断地调整、完善。所以，对“克强经济学”必须有一个时间维度概念，既可以从现在分析和预估其未来内涵，也要在其主政周期后予以总结和分析，如同现在可以评判“里根经济学”的得失一样。建立起“克强经济学”是一种时间渐进的维度，能够有利于各界更冷静地解读“克强经济学”，不至于草率下结论出现误读。

第三种维度：国情空间维度。

“克强经济学”的土壤建立在社会主义市场经济体系之上，建立在中国共产党执政的基础之上，建立在世界上最大的发展中国家的国情上，其边界必定也是与此相结合，不能完全套用其他国家，尤其是西方发达的资本主义国家的体系来看待它。

在这一国情下，“克强经济学”更强调发展的重要性。毕竟，对于一个发展中国家来说，在2020年实现经济总量和人均收入翻一番，具有极为重要的现实意义，必须通过强调增量改革、开放来倒逼改革的路径实现，因为对长期实现计划经济遗存下来的各种存量直接破题难度会非常巨大。这就是说，政府会强调平稳有序推进经济转型升级，不太可能采取激进的、休克式的经济政策，完全不刺激的政策不太会实施。建立起“克强经济学”的国情维度，能够有利于各界更有耐心地解读它，不至于犯欲速则不达的错误。

第四种维度：综合统筹方法论维度。

“克强经济学”必定是一个综合性体系，不会出现一元函数格局。比如对于有扩大中国经济内需的新型城镇化，不会强调其单兵突击，而是会和信息化、新型工业化、农业现代化共同构筑起“新四化”，通过同步、融合的方式予以推进，成为中国经济的主抓手。对于稳增长、调结构、促改革这三大任务，也会考虑其三者的有机结合、相辅相成地予以整体推进。认识到“克强经济学”是一种综合统筹方法论维度，能够有利于各界更全面地解读“克强经济学”，更强调协调性和整体性。

总之，通过建立对“克强经济学”定标的四种维度，有利于更科学、精细化、深度认知“克强经济学”，从而加深对中国经济未来趋势的预判。

如何解读李克强“上下限”的经济思路

宋 立

核心提示

当前中国经济运行情况及经济发展思路是，经济形势总体趋稳蓄升；短期治标措施和中长期治本措施并举；当前不会出台危机管理式的刺激政策，为保经济“上下限”，适时适度进行政策预调和微调；稳步推进民营中小银行发展。

宋 立
中国人民大学经济改革与发展研究院教授。

在9月11日召开的2013夏季达沃斯论坛上，中国经济增速成为与会嘉宾讨论最为热烈的话题。在开幕式上，李克强总理回应了国际上对中国经济的担忧，他明确指出，“我想告诉大家，中国经济现在正处在转型升级的关键阶段，当前经济发展的基本面是好的，经济运行是平稳的。”李克强说：“今天，中国经济发展的奇迹已进入提质增效的‘第二季’，后面的故事我们愿意也希望更精彩。”

李克强总理的回应，透视了当前中国经济运行情况及经济发展思路。

当前我国经济形势总体是趋稳蓄升

所谓趋稳是说经济下行的趋势比去年和前年都稍微缓和，呈现平稳趋势；所谓蓄升是说实现经济企稳回升需要积蓄一些力量。

为什么这样判断？有三个原因：

第一，世界经济在深度调整。过去我们对危机后的世界经济调整看得太乐观，以为很快能调整过来，但实际情况是这次危机后的复苏出现反复。主要因为发达国家由于财力出现问题而被迫退出，同时，由于发达国家的流动性泛滥导致发展中国家输入性通胀压力巨大也被迫退出。

第二，是我们主动调控的结果。前几年我国经济发展太快，加上前两年我国通胀压力巨大，是“反通胀”政策的滞后影响。

第三，与我国比较优势发生变化、出口竞争力下降有很大关系。一方面世界整体经济下来不可避免会导致各国经济都下来，产生负的收入效应；另一方面是替代效应，就是成本更低的国家，比如缅甸、柬埔寨等对我们出口的替代。

这三个因素共同作用，导致我国近期经济增长逐渐趋缓。当然，这也客观上检验了我们潜在增长率在哪里。

短期治标措施和中长期治本措施并举

如何实现趋稳、蓄升？

从趋势上来看，短期要看需求。理论上我们应该看消费需求。住房需求是现阶段城市居民消费升级的关键和农村居民消费升级的新增长点。在一定意义上可以说，释放城乡住房升级需求是当前扩大消费的唯一有效途径，应该成为现阶段稳增长的首要选择。

在当前经济增长速度下降的背景下，关键还得靠投资来稳增长。因为一方面，这几年的消费增长速度是明显减缓的，不可能成为拉动力；另一方面，投资欠账很大。虽然近年来我国投资比重较大，但是主要集中在“铁公鸡”——高速路、高铁，还有机场和城市道路。而基础设施薄弱环节、城乡民生领域、三农领域、创新领域等投资欠账仍然比较多。在经济相对低迷时期理论上正是补投资欠账的最好时机。

在当前经济增长速度下降的背景下,关键还得靠投资来稳增长。在经济相对低迷时期理论上正是补投资欠账的最好时机。

当然，现在只需求管理还不行，还需要供给管理。需求管理是说，经济萧条了财政就扩大赤字，经济膨胀了财政就收缩赤字。供给管理是说，西方有一个供给学派，它提出要减税，减税扩大生产、刺激创业、发展小微企业、增加制造业的利润、增加就业、增加收入。如果简单利用单纯扩大投资和消费需求的凯恩斯主义方法，虽然能够达到短期稳增长的目的，但是难以实现中长期持续回升，还有可能带来过剩产能延续、结构调整延缓，以及通胀上升、财政金融风险累积等副作用。但如果仅仅进行中长期结构调整，虽然可以有效化解产能过剩，但也有可能导致受周期性因素影响的非产能过剩行业企业丢失市场份额，失去中长期发展机会，因此，多管齐下，需求管理和供给管理并重，短期治标措施和中长期治本措施并举，尤其需要在需求管理之外，加大创新和结构调整力度来构造结构性优势，以应对未来将越来越明显的结构性变化。

今年的通胀不会太高

最近，李克强总理在多个场合提到“上下限”。

“下限”就是经济不能太低，如果太低、政策环境过紧的话，有可能让并不存在产能过剩的行业失去国际市场，延误发展机遇，甚至影响经济三步走目标实现，等等。

“上限”就是不要有通胀。问题是怎样定义通胀？我认为要辩证地看：

第一，理论上零通胀是最好的，但其实零通胀也最不好，因为弄不好就成负的了，一旦成负的就没人当企业家了，都想当消费者，所以需要均衡。国际货币基金组织也不推崇零通胀，而是以 1 作为基准。但是 1 是个钢丝，所以需要一个区间。发达国家是 0 ~ 2，就是 1 的正负 1，欧盟是低于 2 但接近 2 的通胀。一般来说，新型工业化国家是 3，相当于 2 的正负 1。我国是新兴加转轨，转轨是说还有很多价格没理顺，所以可能是 3 的正负 1，所以我认为 4 以内都不叫通胀。

第二，上世纪 90 年代以来，世界进入一个普遍低通胀时期，开始认为是各国央行的贡献，后来发现是全球化的贡献，主要是中国 2.6 亿的剩余劳动力加入全球分工体系，给世界提供廉价的消费品。而这个时代过去了。现在全世界已经进入新的通胀时期，这个时期可以人为压低通胀，但是会付出产出和就业的代价。

现在面临的通胀主要是成本上升引起的，而总体判断，今年的通胀不会太高，大概在 2.6% ~2.7%。原因如下：

第一，输入性通胀压力不会太大。虽说货币发行量比较多，但是在世界经济比较低迷的情况下，不可能拉起大多商品价格，更别说石油价格。而粮价的上升空间也不大。因为去年美国、俄罗斯、加拿大等国干旱的消息现在已经释放差不多了，今年是雨水多。

第二，国内的翘尾因素比较低，全年为 1.05%，未来几个月将进一步下降，没有其他因素能推动物价上涨。

第三，调控政策和价格改革等带来的上涨。所以，短期内没有明显的通胀压力，主要压力就是保底线。

当前不会出台危机管理式的刺激政策

那么“上下限”之说是否意味着未来政策将要调整？适当的政

策调整是必然的，中央已经提出，要在坚持政策连续性、稳定性的同时，增强政策的针对性、协调性，根据经济形势发展变化，适时适度进行预调和微调。因为宏观调控本身就是个短期政策，比如前年是通胀压力大，则要反通胀；今年是经济下行压力大，则要稳增长，而不是保增长。宏观政策变化就是这样。当然在当前的情况下，没有必要也不会出台像1998年、2009年那样危机管理式的刺激政策，只是进行必要且常规的宏观调控。

要在坚持政策连续性、稳定性的同时，增强政策的针对性、协调性，根据经济形势发展变化，适时适度进行预调和微调。

如何理解稳增长和保就业这两者的关系？

稳增长实际上就是保就业，这两者是一致的，尤其是在我们劳动密集型行业占比大的情况下，它们基本是紧密联系在一起的，跟通胀之间有点替代的关系。菲利普斯曲线已经明确指出，失业与通货膨胀存在一种交替关系，通货膨胀率高时，失业率低；通货膨胀率低时，失业率高。

怎么看我国经济的潜在增长率

我国潜在增长率还在8%左右。正常情况是实际经济增长围绕潜在增长率波动。有时候高于潜在增长率，有时候可以略低于潜在增长率。如果经济增长率过低的话，可能会使潜力浪费了，如果超过潜在增长率过高，则有可能导致通货膨胀。现阶段，由于世界经济低迷和我国经济调整，实际增长率可以略低一些。未来几年世界经济复苏之后，虽然由于劳动密集型行业竞争力下降，我国出口不会与世界同步恢复，但我国的资本和技术密集型产业的竞争力在上升。因此，总体竞争力不会下降太快。预计在内需和外需的共同带动下，我国经济将有可能重新回到8%以上。

目前能调的只有供给结构、产业结构。

目前中央对经济结构的调整决心较大，应该从哪些方面着手推进结构调整呢？这需要看调什么，是调需求结构还是调供给结构。我认为需求结构短期调不动，现在只能调供给结构。在供给结构上，困难是发展中国家普遍面临的，无非是把劳动力密集型行业的成本降下来，如果劳动力成本上升了，那就用机器代替工人，让劳动力密集型行业变成自动化密集型行业。当然有些注定要转走的，但并不是所有都转走，用中国廉价劳动力的会转走，盯着中国市场的肯定会留下，所以劳动力密集型行业得进行设备更新，加速折旧，给予补贴，要不然市场就永远失去了。另一个是加快大中型企业的研发，现在正好是一个时机。

稳步推进民营中小银行发展

在保经济“下限”方面，需要从政策角度做出调整。

在财政政策方面可以适当积极一点，比如适当扩大赤字规模，今年预算报告中赤字率是2%，可以适当提高，同时适当发行一点国债，以支持结构性减税。当然，这些财政不要用在发工资和楼堂馆所上去，这些领域要压。而是要用在基础设施的薄弱环节、城乡民生领域、设备更新和研发领域上去，加大这些方面的投入。

在货币政策方面，稳健的基调没有变，但稳健度可能要稍微提高一些。我们原来的金融体系是防风险的金融体系，而不是服务性的金融体系，如果注重了防风险，那就兼顾不到服务，这就是我们面临的问题。根本的解决办法就是抓紧建立存款保险制度，稳步推进民营中小银行的发展。这才是根本之策。

> 货币政策一紧就影响到中小企业，一松也不一定能利好中小企业，只有足够的松才能松到中小企业。

现在我们的中小企业多，是个正金字塔，但是我们的银行是个倒金字塔，大银行多，小银行少。那么，正金字塔和倒金字塔，中间重合的部分就是一个菱形区域，其他区域存在资金供求失衡问题。金融体系多余的钱贷不出去，小微企业得不到贷款，这样就使得货币政策很尴尬。因为货币政策一紧就影响到中小企业，一松也不一定能利好中小企业，只有足够的松才能松到中小企业。所以，在此情况下，货币政策既然不能进行总量性松动，那就有必要加大窗口指导力度，进行结构性的调整。可以增加信贷额度，并增加必要的限制条件，以便新增贷款，主要贷给有需要的中小企业。

巴克莱，请你别添乱

水　皮

核心提示

吃过梨子的人才有资格说梨子的味道，抓过经济的人才有资格对增速说三道四，身在其中的人才能对结果负责任。

“克强经济学”是一个新名词，发明人是巴克莱银行，主要用来指代中国总理制订的经济增长计划。

真是仁者见仁，智者见智。

以领导人的姓名命名经济学的，印象中并不多见，历史上有“里根经济学”的说法，而近期则有“安倍经济学”的提法。里根当的是美国总统，当时美国经济备受滞胀的困扰，里根听取了供应学派的政策建议，刺激私营企业活力，从而帮助美国走出了低通胀高增长的路径，在政策经济学上是成功的代表。安倍当的是日本的首相，安倍并不是第一次当首相，这一次提出极度宽松的货币政策为的是解决影响日本长达三十年的通缩，作为一个政府，把2%的通胀率作为追求目标是闻所未闻的，会不会成为笑柄，现在下结论还为时过早。

那么，“克强经济学”成立还是不成立呢？巴克莱只是根据中国这位新总理上任一百天来采取的政策作的分析，中心思想就是长痛不如短痛，以短痛换取长期的利益。根据他们的判断，李克强政府的政策将把中国推向“临时硬着陆”，未来三年，中国经济的增速会降至3%，但之后会有迅速反弹，除非经济和市场面临迫在眉睫的崩溃风

水　皮
《华夏时报》总编辑，著名财经评论家。

险，中国决策者不会采取激进的财政和货币扩张政策。巴克莱同时提出“克强经济学”的三大重要支柱，一是不出台刺激措施，二是去杠杆化，三是结构性改革，并以央行整顿影子银行、货币市场“钱荒”为例支持这一判断，但同时也承认这一强硬立场引发了中国股市和信贷市场的动荡。

中国老话说，旁观者清。作为一家外资银行，巴克莱如此总结李克强的经济学思路无可厚非，但也正因为是旁观者，所以只知其一不知其二，知其然不知其所以然，调整的滋味恐怕是难以设身处地为中国总理着想的。比如，无论是“临时硬着陆”的概念还是3%的经济增速，都是中国政府和领导人无法承受的代价，由此造成的失业、社保问题必将影响社会稳定。至少，股市动荡造成的恐慌就不仅局限在中国，甚至会影响到金砖国家。中国股市暴跌之后，巴西总统和中国国家主席习近平通话，交流的是双方的状态，担心的却是连锁反应。无法想象，作为世界主要增长动力的中国，GDP增长不及美国会是一种什么样的情景，从这个角度看，中国总理要有点防人之心，防什么？防止被人“捧杀”！

无论是“临时硬着陆”的概念还是3%的经济增速，都是中国政府和领导人无法承受的代价，由此造成的失业、社保问题必将影响社会稳定。

“软着陆”一直是中国经济结构调整能够承受的代价，但要实现这个目标却需要“硬手段”，政治上反腐败，金融业整顿影子银行，实体上去产能过剩都是必须的。不过，降低GDP增速是系统工程，干部考核提拔的标准要改变，地方财政收入的结构要改变，公务员队伍要精简，社会管理成本要提高，这些都离不开一个“钱”字。如何平衡好，不容易。

其实，克强总理本人也是一个非常善于学习、善于发现、善于总结的人，这位北大高材生本科学的是法律，研究生又师从厉以宁学经济，在辽宁当书记的时候就有过所谓“克强指数”的发明。李克强发现一些传统的宏观经济数字，比如GDP、CPI、PPI都不足以反映真实的经济运行，而发电量、铁路货物运输量以及信贷额度这三项指标一般不会说假话，因此，他更多的是依据这三个数字作判断。英国《经济学人》杂志采访之后，把这三个指标做了一个指数，名字就叫

“克强指数”。

对于经济而言，学不学不一样，懂不懂不一样，学过有可能似懂非懂，不学则可能不懂装懂。但是，更重要的是抓不抓，吃过梨子的人才有资格说梨子的味道，抓过经济的人才有资格对增速说三道四，身在其中的人才能对结果负责任。所以，巴克莱，请你别添乱。

李克强的决心

路透/编译

曾几何时，中国央行拒绝缓解史无前例的现金紧缺，银行间市场隔夜拆借利率一度冲高至30%。这可能就是最明确的信号，中国新一届领导人愿意忍住经济改革的阵痛，追求更长远的利益。

一般认为，中国人民银行是受到中国政府的政策暗示的。中国政府已经选择容忍利率走高来压制失控的信贷增长，并惩罚那些行为鲁莽的银行，包括利用短期融资支持长期贷款的活动。

在一个经历了30年两位数经济扩张的国家里，已经造成了一种共识——增长高于一切。北京决定冒着打击经济增速的风险，容忍货币市场停止运转，绝对是一件里程碑式的事件。

北京决定冒着打击经济增速的风险，容忍货币市场停止运转，绝对是一件里程碑式的事件。

香港苏格兰皇家银行经济学家Louis Kuijs表示：“很明显，现在的游戏规则不一样了。”“就算人们正在降低他们对经济增长的预期，但政府仍坚定地推行其强调改革的政策立场。”

相对于过去卖力推动经济增长的领导人，现在北京政府的立场已经吓坏了很多投资者。比如，中国A股就一度跌至了4年半的新低，因为投资者担忧货币市场利率飙升会拉高借贷成本，这可能是变种的货币紧缩政策，可能会影响投资和消费的表现。

一些投资者表示，央行的边缘政策可能会造成反效果，特别是可能会引发银行危机。

而其他人则赞美李克强的策略，并将之形容为严厉的父爱，可以推进困难重重的经济改革，比如说进一步缩减大型国企的规模，使它们更有效率。

李克强在2013年3月上任总理。作为总理，李克强负责管理整个中国经济。

李克强的魄力让人想起前总理朱镕基，朱一直被认为是上世纪90年代中国经济改革的领导者，当时他辞退了五千万名国企员工，削减了臃肿的行业。

渣打银行分析师在报告中写道："欢迎李克强医生做的手术……我们一直怀疑，李克强是否会推动重大改革。然而，我们低估他了，看起来他非常愿意冒着进一步损害经济增长速度的风险来作出政策抉择。"

2013年5月，李克强表示，政策刺激的空间已经很小了，因为这些措施是有风险的，而且不可持续。中国经济貌似已经在承受08/09年"4万亿"刺激计划带来的后遗症。

李克强在主持国务院常务会议中表示，信贷必须用于真实的商业需求。当拆借利率创下历史新高的时候，北京当局并没有如常地进入市场缓解流动性紧缺。人民银行不仅无视来自市场交易商对其不增加市场流动性的抱怨，更是严肃地表示充足的流动性不会永远持续下去，直言经济问题不能被货币扩张所掩盖。

分析师们认为，这证明了李克强把中国经济带上一条可持续发展道路的决心。野村证券经济学家张智威称："我们认为，未来可能会出现更多的经济痛苦时刻。"

张智威还表示，中国的经济政策经受出口下滑和国内需求增长疲软的考验，2013年的经济增长可能无法达到7.5%的目标，并创下23年以来的新低。

> 中国正面对至少是过去十年最大的挑战，中国必须改变经济增长的方式：更少地依赖出口和投资，更多地依赖消费。

实际上，中国正面对至少是过去十年最大的挑战，中国必须改变经济增长的方式：更少地依赖出口和投资，更多地依赖消费。

名家观点 ▌Experts' viewpoints

李 铁 国家发改委城市和小城镇改革发展中心主任

向改革要增长而不是向刺激要增长

向改革要增长，而不是向刺激要增长，李克强总理选择了正确的经济哲学，虽然这是一条布满荆棘的道路。在经济失速的时候，泡沫化是一个最便捷的选择，而且在现有的体制和官员考核机制之下，政府、银行、企业都有最强烈的制造泡沫的冲动。在这个时刻，下决心告别刺激经济学需要壮士断腕的勇气。

在现有的体制和官员考核机制之下，政府、银行、企业都有最强烈的制造泡沫的冲动。在这个时刻，下决心告别刺激经济学需要壮士断腕的勇气。

付兵涛 中国农业银行资深分析师

中国的问题是杠杆不清加杠杆太快

短期内去杠杆不现实，但政策上也不完全无计可施。首先，杠杆加速度应该降下来。2013 年上半年，社会融资规模增速比名义 GDP 增速高出 22 个百分点，明显超出正常水平，仍有压降的空间。其次，虚增杠杆应该被清除。目前社会融资规模虚高，其中确实有货币空转、重复统计的因素，不但误导形势判断，更会推高企业融资成本。部分杠杆应该更透明，这既包括部分银行的理财融资、同业代付等表外业务，也包括地方政府通过融资平台获得的各种隐性政府负债。与欧美国家相比，中国的问题不是杠杆太高，而是杠杆不清。

白景明 财政部科学研究所副所长

盘活两个存量有利于经济转型升级

盘活了货币资金，使资金注入实体经济，可以促进经济增长从而带动财税增长；盘活财政资金存量，把存量财政资金更好地用在调结构上，可以促进消费，为盘活货币资金创造条件。两个“盘活”联系密切，相互支持。

中国正在努力转变经济增长方式，稳增长不是简单地靠释放货币，也不是靠大规模资金投入来拉动经济，而要靠制度变革来实现稳增长。盘活两个存量，既有利于财政金融内部结构的调整，也有利于中国经济转型升级向纵深推进。

“克强经济学”的要义不在于强调政府要做什么，而是强调政府不做什么，其基本特征是强化市场、放松管制、改善供给。

管清友　民生证券研究院副院长

“克强经济学”极具中国特色

“克强经济学”类似“里根经济学”和“撒切尔主义”，带有供给学派的特点，也有公共选择学派的特点，但又极具中国特色。“克强经济学”的要义不在于强调政府要做什么，而是强调政府不做什么，其基本特征是强化市场、放松管制、改善供给。

利率走向市场化

05

KEEPING THE
MINUTES OF CHINA
WITH THOUGHTS

主题 | Key Articles

央行放开贷款利率是实质性进步

陈志龙

核心提示

全面放开金融机构贷款利率管制，取消七折下限，这标志着中国利率市场化迈出了实质性步伐，在正确的方向上迈出了一大步。贷款利率市场化对银行业影响深远，利率市场化引发的价格体系重估和利润再造将加剧银行业的竞争，倒逼全行业必须进行深刻的变革和调整。

“该来的终归会来，虽然有点突然”。2013 年 7 月 19 日 19 时，央行网站和中央电视台同时公布全面放开金融机构贷款利率管制的消息。

这则关于进一步推进利率市场化改革的新闻稿，内容简短，说其突然，其实并不突然。国务院常务会议在研究部署 2013 年深化经济体制改革重点工作时，就明确提到将稳步推出利率汇率市场化改革措施。国家发改委《关于 2013 年深化经济体制改革重点工作的意见》亦指出，稳步推进利率汇率市场化改革，逐步扩大存贷款利率浮动幅度，建立健全市场基准利率体系。

此前，接近决策层的多家大型国有银行负责人在不同场合吹风，“建议”利率市场化先从放开贷款开始。显然，在当前的金融生态下，如果存贷款利率两头同时放，容易导致金融秩序混乱，因为历史的教训说明，存款利率一放开，高息揽存的价格战必然狼烟四起，那

陈志龙
财经专栏作家。

将天下大乱。现在，先稳住一头，存款不动，贷款先放，通过竞争谈判机制，形成新的定价体系，先易后难积累经验，是较审慎的做法。

资金是最重要的要素资源。长期以来，由市场供求来配置资金价格的探索一直在继续。从早期放开银行同业拆借利率，到近年放松金融机构人民币一般存贷款利率10%的浮动区间，到这一次完全放开贷款利率0.7倍的下限，渐进式的利率市场化进程从未间断过，但毕竟离利率市场化还有差距。

“这一消息标志着中国利率市场化迈出了实质性步伐，在正确的方向上迈出了一大步”。这是江南农村商业银行董事长陆向阳的观点。“长期实行的是行政性管制型定价，银行在定价问题上都是‘傻瓜相机’，从国有大银行到基层的农村信用社，都是‘一口价’，从下浮10%到上浮30%，就这么大区间。但贷款利率市场化后，面对不同的客群，用一个定价体系肯定玩不转。贷款利率市场化后，许多小银行可能面临不会定价的尴尬，因为自己没有独立的定价系统和基础模块，这生意怎么做?”

贷款利率市场化对银行业影响深远，利率市场化引发的价格体系重估和利润再造，将加剧银行业的竞争，倒逼全行业必须进行深刻的变革和调整。

贷款利率市场化对银行业影响深远，利率市场化引发的价格体系重估和利润再造，将加剧银行业的竞争，倒逼全行业必须进行深刻的变革和调整。

过去是行政性定价，贷款利率下浮10%，大家面子上都过得去。取消贷款利率浮动区间，意味着银行间客户争夺的竞争会更激烈。银行为了争夺优质客户，贷款可以打五折乃至保本就行，甚至为了综合收益赔本都做。

这对中小银行的影响非常大，因为大银行可以统筹发挥规模效应，在议价问题上与客户及中小银行进行充分博弈。而对中小银行来说，残酷性在于，如果价格谈不拢，有多项选择的客户，会掉转屁股就走，大客户流失风险加大，中小银行与大银行间不对称的价格博弈是必然的，中小银行的处境越来越难。

近年来，银行通过票据、转存等方式，对贷款客户的利率上浮要求一直存在，中小企业贷款利率的平均水平都在10%~20%。放开贷款利率后，上浮上限理论上可达到法定利率的4倍。当然，因为竞争性议价机制的广泛存在，实际不可能有这么高。竞争机制不仅体现在银行与客户的议价上，同时还会涉及民间高利贷市场，起到平抑其价格的作用。

贷款利率放开，有助于遏制灰色地带的“影子银行”，让一部分在“灰色地带”游走的客户纳入正规的银行服务范畴。

在风险收益相匹配的原则下，过去中小银行不愿意做的小客户，如果收益足够覆盖风险，现在反倒回过头来愿意做了。从这个意义上说，贷款利率放开，有助于遏制灰色地带的“影子银行”，让一部分在“灰色地带”游走的客户纳入正规的银行服务范畴。

贷款利率市场化后意味着银行业进入了细分时代。各家银行根据商业原则自主确定贷款利率水平，这注定了银行必须通过议价能力和负债管理能力提升、非价格竞争手段的运用来加以应对，以提升银行业的盈利水平。

长期以来，银行经营高度同质化，现在价格不一样，意味着收益来源不再相同。价格是竞争和谈判的结果，面对千差万别的客户，贷款利率市场化倒逼商业银行分工更明晰更细化，因为大银行不能满足所有客户，同样中小银行也不能像大银行那样摊开来玩。

西方成熟市场经济国家利率市场化的经验来看，利率市场化后，银行利差普遍收窄，一般都在1%，百姓将会得到更多的实惠。所以西方的银行不像我们的银行“想不赚钱都难”，“钱赚得都不好意思”，人家的银行赚钱很不容易，要真有“两把刷子”，靠智慧和持续的创新能力赚钱。而不像我们多少年来躺在存贷款利差和庞氏游戏般的理财产品上赚钱。

将来，名目繁多的银行收费可能成为常态，因为银行是生意人，每笔服务都有成本，有成本就可能收费。

未来更大的挑战在于，经过多年的利率行政性管制后，我国的许多银行已经习惯了利率管制条件下的定价机制，对商业银行的风险管理能力提出了更高的要求。所以，后续的存贷款保险制度、金融产品定价机制建设、服务能力及定价权，都有一个不断完善和提高的过程。将来，名目繁多的银行收费可能成为常态，因为银行是生意人，每笔服务都有成本，有成本就可能收费。

贷款利率市场化，使得不同的企业和个人从银行获取贷款的能力和价格也将不同，企业经营状况、个人信用记录将在议价中发挥重要作用。银行完全按照贷款人的信用状况及职业、学历等综合情况决定每个人的贷款利率。比如，没有不良信用记录，且学历较高、有固定职业的消费者，不但可以轻易地从银行贷到款，而且利率可能很低，信用良好者将受到市场更多的青睐。

与此同时，要警惕一种马太效应。贷款利率市场化程度提高后，经营状况一般的中小企业，因为议价能力差，贷款难、贷款贵的问题可能难以缓解，甚至会比以前更难、更贵，这都需要管理层后续政策的进一步统筹和完善。

从周小川表态看利率市场化改革

周子勋

核心提示

由于中国银行业仍以存定贷，商业银行在存款端所遭受的竞争压力远大于贷款端，这意味着，在整个利率市场化改革之中，存款端利率市场化的难度与地位要远高于贷款端。随着贷款利率市场化的展开，存款利率市场化也已经进入决策层的考量之中。

时隔央行宣布全面放开金融机构贷款利率管制一个月后，中国人民银行行长周小川公开表示：“作为人民银行来讲，我们是做好技术和条件上的准备。这个准备就是说可以尽快实现存款利率的市场化”，这表明我国利率市场化改革已然进入一个新阶段。

周子勋
资深财经评论员，专注宏观经济等研究分析和报道。

利率市场化改革为什么不能再拖了

客观而言，我国利率市场化改革确实不能再拖了。

一是汇率改革紧随其后，已在倒逼利率市场化改革以理顺国内价格形成机制；

二是利率市场化滞后导致银行改革踯躅不前，稳定的利差收入让银行陷入资本消耗型发展模式难以自拔；

三是利率市场化改革滞后加剧了投资饥渴症，导致投资的效益和效率被忽视，经济发展方式难以转变；

四是利率市场化改革滞后扭曲了社会资本配置，不断恶化中小企业融资难问题，最终导致实体经济遭受损失。

值得注意的是，2013 年以来，"推进利率市场化"屡次被决策层提及，其间发生的"钱荒"危机，更让决策层意识到加速推进利率市场化的必要性。

存款利率市场化：央行怎么做

正在展开的这一轮利率市场化改革，大体可分为存贷款两端，但这并不意味着，存款与贷款端基准利率在市场化改革中具有同等的难度与地位。从商业银行角度分析，信贷投放与否的决策权在己，而存款与否的决策权主要在储户，商业银行只能通过价格杠杆，或者以赠送礼品及借助私人关系等方式影响储户的决策。由于中国银行业仍以存定贷，商业银行在存款端所遭受的竞争压力远大于贷款端，这意味着在整个利率市场化改革之中，存款端利率市场化的难度与地位要远高于贷款端。

随着贷款利率市场化的展开，存款利率市场化也已经进入决策层的考量之中。根据央行的规划，取消贷款利率后，下一步央行计划逐步简并存贷款基准利率期限档次。

在具体路径设计上，央行希望从银行间市场尝试发行同业存单，并择机推出相关政策，以此掀起存款利率市场化改革的前奏。一位接近央行的人士透露，存款利率市场化不可能一蹴而就，存款利率本身还不具备全面放开的条件，但现在，在银行间市场先推出同业存单是一个比较好的时间窗。不排除央行在年内或明年初先发行同业存单和交易试点。

2013 年以来，监管层一再警示银行间市场同业业务期限错配的风险，在一系列严格的监管政策影响下，银行不得不重新配置同业资产，不少股份制银行买入返售业务有所收敛。但是，纵观银行间市场，同业存放业务依旧十分活跃，并且线下交易也很普遍，这给央行带来监管难题的同时，也提供了试点发行同业存单的契机。市场人士表示，在其他同业业务相对收紧的情况下，很多银行都会抓住市场机会，扩大吸收同业负债（包括同业存放）业务的交易量，同业存放业务能够给银行带来可观的利润收入。

从美国以及亚洲其他国家的经验来看，利率市场化之后，存贷款利率普遍经历了从上升到回落的过程，期间存贷利差也趋于缩小，这造成了某些中小金融机构经营困难。因此，在利率市场化的冲击下，某些中小银行在竞争中破产是完全有可能的。要降低银行破产对储户的冲击，存款保险制度的建立就十分必要。

贷款利率下限的放开拉开了利率市场化改革的大幕，随着包括存款保险制度、基准利率等配套制度政策的建立与完善，存款利率的上限可能最终放开，从而真正实现利率市场化。

延伸 | Extended readings

允许市场决定利率

邹至庄

核心提示

如果利率是由市场决定而不是由政府管制的，影子贷款市场将不会存在；如果承认市场经济的需求和供给决定均衡利率，资源或银行贷款会被有效地利用，到时就没有人可以有机会批评这个市场。

众所周知，中国商业银行向储户支付的利率是由政府控制的。至2013年2月，商业银行向储户支付的年利率只有3%，同时居民消费价格指数上升了3.2%，在银行存款只拿到负的实质回报。这一政策的后果是，当存款的供应短缺时，一些银行愿意支付更高的利率，以吸引更多的存款，然后把贷款给另外的借款人，因为借款人愿意支付更高的利率。这个机构被称为影子银行体系，通过影子银行使一些储户获得了高于控制的利率，同时一些借款人或银行也通过影子银行的借款人，利用借款来支付他们希望进行的项目，赚了更多的钱。政府控制利率的政策，引起了一个影子银行系统的产生，有助于消除市场短缺的贷款。

邹至庄
普林斯顿大学1913班的名誉政治经济学教授与经济学教授，提出动态经济学的谱分析方法和最有控制方法，最早研究中国经济问题的海外学者之一，出版著作《中国经济》。

1. 假设有利率上限，影子银行“黑市”利率高于均衡利率。

向影子银行借款的人不需要贿赂，因为在黑市有贷款人之间的竞争。但是，如果你想用政府管制的低利率借款，你便需要贿赂，因为很多人希望用这样低的利率借款。总之，如果有一个利率上限，借款人需要贿赂以获得低利率的贷款。如果没有利率上限，较少人需要贿赂来借款。

如果你想用政府管制的低利率借款，你便需要贿赂，因为很多人希望用这样低的利率借款。

2. 如果要支付贿赂，资金分配的经济效率会降低。

当有利率上限，在影子银行借款的人没有贿赂的必要。同时，这样的借贷是对经济有利的，因为贷款的资源将被用以达到对经济有利的目标。在影子银行，贷款人和借款人互相交易，双方有益，经济效率便提高了。

3. 在影子银行活动是有风险的。

在影子银行系统交易资金对经济是有利的。承担风险是一种高效率的经济活动。例如买股票是有风险的，因为可能会失去很多钱，但没有人认为我们应该把股市关闭。

4. 有人认为影子银行是一个黑市，因为它是违法的。

在这种情况下是法律不恰当，或利率受管制不恰当，以致黑市的产生。在黑市产生后，在黑市交易是对经济有利的。

中国金融市场的缺点很多。比如，地方政府有大量的从事经济发展的公司（地方政府投融资平台），它们的预算软约束，对贷款利率反应弹性较小。再比如，国有企业在信贷资金获取中处于强势地位。

总之，如果政府控制的利率低于市场利率，会导致资金短缺。影子银行系统能解决短缺问题并增加储户和银行的收益。如果承认市场经济的需求和供给决定均衡利率，资源或银行贷款会被有效地利用。对市场利率或价格的任何干扰必然降低经济效率，减少供给量，或减少能用于投资或用于其他项目的资金。最近，中国政府宣布了一项政策，目的在扩大民营企业的功能，同时让市场决定价格。允许市场决定利率，是这一项市场化的利率政策理当实行的一部分。如果利率是由市场决定而不是由政府管制的，影子贷款市场将不会存在，到时就没有人可以有机会批评这个市场。

贷款利率松绑难降融资成本

周文渊

核心提示

央行松绑贷款利率的目的，主要是促进金融机构采取差异化的定价策略，降低企业融资成本，发展直接融资市场，促进社会融资的多元化；也为金融机构增加小微企业贷款留出更大的空间，提高小微企业的信贷可获得性。

央行宣布放松利率管制，核心条款有三项。

其一，取消金融机构贷款利率0.7倍的下限，由金融机构根据商业原则自主确定贷款利率水平；个人住房贷款利率浮动区间不作调整，仍保持原区间不变，继续严格执行差别化的住房信贷政策。

其二，取消票据贴现利率管制，改变贴现利率在再贴现利率基础上加点确定的方式，由金融机构自主确定。

其三，取消农村信用社贷款利率2.3倍的上限，由农村信用社根据商业原则自主确定对客户的贷款利率。

央行松绑信贷利率的目的

周文渊
国泰君安证券固定收益业务资管管理人、固定收益部研究主管。

松绑信贷利率的目的，主要是促进金融机构采取差异化的定价策略，降低企业融资成本，发展直接融资市场，促进社会融资的多元化；同时也为金融机构增加小微企业贷款留出更大的空间，提高小微企业的信贷可获得性；促进金融支持实体经济发展、经济结构调整与转型升级。

推出贷款利率管制放松的政策，这是国内利率市场化的重要一步，人民银行仅对金融机构人民币存款利率上限和贷款利率下限进行管理，货币市场、债券市场利率和境内外币存贷款利率已实现市场化。2012年6月和7月，人民银行进一步扩大了金融机构存贷款利率浮动区间；放松贷款利率管制之后，利率市场化未来将向存款利率延伸。

管制放松将带来的影响

政策推出的初衷较好，但管制放松将带来怎样的影响？

贷款利率松绑短期内无法有效降低融资利率。2013年一季度央行公布的统计数据显示，商业银行贷款利率下浮10%的比例仅为11.44%；实行基准利率的比例为23.79%，利率上浮的比重高达64.99%，这显示企业在与银行的博弈之中处于劣势地位。

为什么会处于较为弱势的地位？一是和银行产业结构有关，目前五大行占金融资产和金融负债的比重均超过六成，金融资源存在一定垄断性，市场竞争不够；二是投资主导型的经济体使得资金持续处于稀缺之中，对资金的需求超过资金的供给；三是间接融资为主的融资模式，强化了银行的垄断地位；四是体制刚性使得大多公有企业（融资平台）对于资金利率还不够敏感，客观上造成利率高企。

短期来看，上述四个方面的因素都难以解决，因此企业在和银行的讨价还价之中，除了少数大型企业之外，预计仍将处于较为弱势地位，融资利率也很难迅速下降。

企业在和银行的讨价还价之中，除了少数大型企业之外，预计仍将处于较为弱势地位，融资利率也很难迅速下降。

但是，这并不是说松绑政策对降低利率毫无益处。最先受益的是大型企业，此后传导到影子银行体系，从加权权重的角度来看，会降低实际利率水平的。

1. 放松贷款利率管制限制，特别是放松对票据融资利率和农信社的利率限制，有利于促进中小企业的融资。

国内金融体系对于中小企业的融资支持一直不够，大型银行为中小企业提供融资的积极性不高，而中小银行的利率之前受到管制，此次放开票据融资利率和农信社利率上限，有利于促进中小金融机构进一步提供对小企业的融资，促进借贷主体的匹配。

2. 放松利率管制暂时不会迅速刺激贷款增长。

事实上，放松利率管制暂时不会迅速刺激贷款增长。

一是有银行贷款规模控制；

二是银监会还有贷存比指标，特别是贷存比政策，预计存款利率的放松会比较慢，放开之前贷存比政策才会变；

三是目前贷款需求弱，除了少数大型企业之外，多数企业还是受产能过剩的影响，部门工业企业的贷款需求并不高。

综合来看，放松利率管制并不会带来贷款融资的迅速增长，但会推动影子银行体系。预计这一政策会对 M2 增速形成利好，至少保证 M2 不下滑得太快。

3. 放松利率管制对金融市场的冲击。

当然，放松利率管制会让金融市场受到冲击。

首先，贷款利率定价基准取消，对银行资产配置行为产生影响。

从国外的情况来看，利率市场化之后，为应对净息差收窄的压力，银行都会加大对高风险资产的配置，主要是银行成本上升。但是，国内政策取向方面是先放开贷款，对银行的存款保护暂时未取消，同时高风险资产主要是通过银行表外来配置，或者说表外已经持有较多的高风险资产。这样的背景下，可以预判银行暂时加大风险资产配置的压力并不大。

其次，从基准定价来看，基于银行贷款定价的高评级债券的定价估值水平受到冲击，理论上高评级会有下降空间，但下降幅度取决于与银行的博弈能力。目前格局下，注意到银行还有 20% 的准备金，所以大概率事件使高评级债券收益率有下行空间。

再次，贷款基准利率逐步弱化导致一国资产端利率变化，国外银行的资产负债表有一定冲击，会对他的资产配置行为形成冲击，可能对人民币汇率带来影响，但冲击目前有限。

利率市场化沿着先贷款后存款，先大额后小额，先长期后短期的路径逐步向前推进，未来市场化将向深水区推进。

进一步扩大金融机构存款利率浮动区间，所要求的条件也相对更高。从国际上的成功经验看，放开存款利率管制是利率市场化改革进程中最为关键、风险最大的阶段，需要根据各项基础条件的成熟程度分步实施。目前，存款保险制度、金融市场退出机制等配套机制还未完成，可以预见对存款利率的放开可能还需要一段时间。

名家观点 | Experts' viewpoints

巴曙松　国务院发展研究中心金融所副所长

利率市场化改革倒逼银行改变趋同的商业模式

利率市场化后，商业银行的差异化和分化会成为一个主线。有助于提高金融资源的配置效率。

利率市场化改革对商业银行体系的影响，从短期看比较轻微，更多是中长期的和结构性的。从中长期角度看，利率市场化会促使商业银行经营模式从目前的同质化转向差异化定位，大型银行需更多关注综合发挥多种金融工具为大型企业提供多元化服务，而中小银行则需转向更清晰的、有相对定价能力的小微企业。利率市场化后，商业银行的差异化和分化会成为一个主线。这有利于倒逼银行改变趋同的商业模式，寻求具有相对竞争优势的领域，因此总体上有助于提高金融资源的配置效率。

宗　良　中国银行战略发展部副总经理

银行未来的日子不那么好过了

利率市场化这一改革释放了银行市场化改革的强烈信号，未来银行的资产、负债都将面对更加市场化的环境，银行流动性风险管理、资产负债管理、定价能力均需加强。

面对利率市场化，银行应对的核心，一是要提升定价能力，二是要加强流动性和资产负债管理能力，三是须加强金融创新能力。

汪　涛　瑞银证券经济学家

政府应该从根本上加快结构性改革的步伐

就算放开所有的利率管制措施，中国距离完全市场化的利率形成体系和有效的资本配置仍然很远。中国政府和央行仍然对信贷设置了数量化的控制工具，同时针对具体行业设置了差异化的信贷导向政策。最重要的是，对银行的存贷款客户而言，来自政府的隐性担保如果不被打破，将继续扭曲利率定价和信贷资源的有效分配，导致银行信贷资源向国有企业倾斜。中国要实现利率市场化就不可避免地要解决这些根深蒂固的问题。政府应该从根本上加快结构性改革的步伐，包括财政改革、要素定价改革、中小企业改革以及其他金融领域的改革。

对银行的存贷款客户而言，来自政府的隐性担保如果不被打破，将继续扭曲利率定价和信贷资源的有效分配，导致银行信贷资源向国有企业倾斜。

鲁政委　兴业银行首席经济学家

信托和私募短期将维持高利率

银行贷款“降价”并不表示信托和地产私募也会降价，至少这个情况在2013年不会改变。因为那些在银行借不到钱的开发商，还是必须通过信托和地产私募融资，该付多少利息就付多少利息。不可否认的是，贷款利率的放开加强了银行的自主性，为追逐盈利，会对开发商提供比较宽松的贷款环境，这对于开发商来说无疑是利好消息。

叶　檀　财经专栏作家

贷款利率下浮对大企业有利

放开贷款利率下限对大型企业有利，对中小型企业影响不大。从理论上说，贷款利率与企业、个人的信用以及银行的筛选成本相关，贷款利率市场化并不必然导致大型企业获益、小型企业受害。但从实际操作上说，由于大型企业有政府的隐性信用担保，获得平价贷款的机会多，而中小型企业由于信用低、成本高，从银行得到贷款的机会少，利率高。贷款利率下限放开，某些大型企业可能获得比目前基准利率7折更低的折扣。

马光远　民建中央经济委员会副主任

放开存款利率管制才是利率市场化的核心

利率市场化作为中国银行业最重要的改革，不可能一蹴而就，但一定要意识到最佳的改革窗口就在当下。改革者应该本着对中国金融业负责和对历史负责的态度，抓紧有利时机，建立和完善最后贷款人制度、存款保险制度等，最终实现存款利率的市场化，为中国银行业最重要的改革收官。

余永定　中国社会科学院学部委员

贷款已经放开了，放开存款利率也会不远

之所以不先放开存款，是因为根据国际经验，存款先放开后，银行的存款争夺会非常激烈，这会提高银行的融资成本，从而容易导致在资产业务追求高风险高回报，加大金融系统的风险。先行放开贷款利率，银行可以根据市场供求的关系，自由决定贷款贷给何种企业，虽然也有风险，但比先放开存款的风险要低。当然，既然贷款已经放开了，放开存款利率也会不远。放开的时机不一定选择在流动性好的时候。

邓海清　宏源证券固收部研究员

贷款端放开加剧金融生态链竞争

贷款端放开实际上时机早已经很成熟，没有什么太大的堰塞湖，对资本市场和金融机构冲击比较小。取消贷款利率下限，相当于脱了商业银行机构的第一层防护罩，会加剧金融生态链竞争，有利于高效率银行优胜劣汰。但是，存款利率上限防护罩的剥离才是利率市场化的核心，预计会在一两年内得到落实。

Society | 社 会

主题主编 | 梁子剑

我们需要什么样的教育公平

网络反腐，利弊何在

极端暴力：原因及对策

关注“公众心理健康”

我们需要什么样的教育公平

01

KEEPING THE
MINUTES OF CHINA
WITH THOUGHTS

主题

洪巧俊　寒门学子到底输在哪里

权　衡　以机会公平冲破阶层固化

延伸

熊丙奇　教育改革是教育公平最大的红利

孙乐涛　接受阶层分化，拒绝阶层固化

名家观点

廉　思　胡瑞文

燕　农　蔡　辉

主题 | Key Articles

寒门学子到底输在哪里

洪巧俊

核心提示

寒门学子不是输在智力上，而是输在金钱和公平上。教育不公平中，首先是城乡教育资源起点不公平，其次是城乡教育过程不公平，再次就是城乡教育结果不公平。

2013 年广东文、理科排名前十名的学生中，依据已经可以查证的 19 人来分析 17 人来自城市，只有 2 人来自农村。这些高分生的家庭背景也非常集中，父母中至少一方为教师、公务员的有 10 人，父母均为医生的有 1 人，父母至少一方为白领的有 3 人，剩余 3 人父母为生意人。

套用托尔斯泰的名言就是：高分的家庭教育都是相似的，低分的家庭教育各有各的无奈。有报道说，这些来自城里的高分生，成长经历高度相似。他们普遍参加过付费的培训，除了奥赛班和补习班，在小提琴、吉他、钢琴、绘画、芭蕾舞、国际象棋、拉丁舞等方面也有一技之长。但是，连生活费都成问题的贫苦家庭，显然不能供孩子上奥赛班和特长班。所以说，寒门学子不是输在智力上，而是输在金钱和公平上。

“出身越底层，上的学校越差”，这一趋势正在被加剧和固化。2010 年，清华大学的新生当中，农村的孩子只占到了 17%。在这一年全国高考的考场上，农村的孩子占到 62%。清华北大这样的重点

洪巧俊
知名“三农”研究学者。

寒门学子不是输在智力上，而是输在金钱和公平上。

大学，如今成了农村孩子遥远的梦。就连为农业培养人才的农业大学，农村孩子所占的比例也在逐年减少。2011 年，中国农业大学农村生源出现了低于 30% 的现象。都说数据自然会说话，那这些数字究竟在向我们揭示着什么呢？

农业大学本该以农村孩子为主，这是因为农村生源熟悉农村，了解农村，更适应于农业专业技术方面的工作。连为农业培养人才的大学都出现了农村生源少的现象，这说明教育优质资源过于向城市地带集中，从而导致很多农村优秀学生失去更好的教育机会。

要改变这种局面，必须解决教育资源均衡的问题。

城乡教育“二元结构”导致的教育不公平中，首先是城乡教育资源起点不公平。资料显示，只有 40% 的孩子在农村能够接受到学前教育，且师资力量薄弱、教育设施十分简陋，有的幼儿园是一个教室一个老师，没有活动场所。大多农村孩子是跟着老人生活，教育成了大问题。

其次是城乡教育过程不公平。由于师资、教育设施都倾斜于城市，教师在乡村学校工作远比城市艰苦，工资待遇却比城市低得多，使得优秀教师涌进了城市，乡村学校缺失优质资源。农村优秀的生源得不到好的教育，从而无法进入重点中学，进不了重点中学，也就与名牌大学无缘。

再次就是城乡教育结果不公平。理论上说，既然乡村孩子从幼儿教育到义务教育都遭遇不公平，高考录取就应该倾斜农村生源。事实却恰恰相反，很多重点学校都是集中在经济发达地区和大城市，对于本地生源招生的比例大很多，同一所大学录取分数线城市生源还比农村生源低得多，从而造成农村学生在竞争中处于劣势。

由此可见，城市与农村教育的不平衡，也是我国城乡差别和贫富差别的一个缩影。

如今，经济宽裕的农村家庭，都会把孩子送进城里读书，有的父母甚至去陪读。陪读很花钱，但一些家长咬紧牙关也要这样做，因为只有这条道可以改变农村孩子的命运。读不了大学的农村孩子，只能面向黄土背朝天在家务农，或踏上打工之路。农村孩子进城读书，增加了农村家庭的负担，有的为了孩子读书，把家都读穷了，这也是四川崇州农村女孩高考失利后，父亲多次拉着女儿跳河的根本原因。可以说，这些孩子的命运与家庭、乃至整个农村的命运密切相连，并深刻影响中国农村未来。这种影响事实上已经发生，而且日趋严重，那就是乡村的沦陷与败落。

城乡间的差距呈扩大之势，始于学前教育的差异在其后各教育阶段逐渐固化，直接影响社会公平。要想解决这一深层次矛盾，政府应向农村教育倾斜，进一步加大农村基础教育的资金投入，进一步解决师资上的不平等。

同样和中国一样存在着教育城乡差距的俄罗斯，已经开始破除这种固化，十分注重在提高农村教育质量方面保持政策的连续性。在规划和实施农村教育现代化过程中，俄罗斯始终将农村教育改革看作一个系统工程。一方面，将农村教育视为农村社会系统的重要组成部分，重视教育现代化对农村经济、文化的推动作用，同时积极发挥农村学校对农村地区的文化辐射和教化功能；另一方面，在教育系统内部主张资源共享、优势互补，建设区域性学校联合体，既降低了教育成本又有助于提高教育质量。

俄罗斯的思路和做法，是值得我们借鉴的。毕竟，中国是农业大国，仍然有 9 亿农民，农村教育问题解决不了，中国要实现全面奔小康就是一句空话。

以机会公平冲破阶层固化

权 衡

核心提示

每个人都受到公平的教育、享受公平的教育资源配置，这才是最大的机会公平和分配公平，这样才能保障社会各阶层间具有充分的收入流动性，特别是社会下层才能具有向上流动的通道和机会。这样的社会是充分体现公平公正价值和目标的。

《人民日报》刊登过一篇文章，指出教育投入越来越给力，但教育嫌贫爱富的现象依然存在。越是大城市、越是名校投入越多，动辄花上亿元建设超级中学，优质教育资源集中到少数学校。而一些农村学校却成了被忽略的大多数，农村孩子入学率、升学率和受教育程度远低于城市。文章进而直言，农村孩子弃考传递出一个信号：底层通道受阻，社会阶层固化趋势加剧，贫穷将会代际传递，一代穷世代穷。这一观点引起社会热议，使人们从另一个角度思考中国的收入分配问题。

众所周知，中国的收入差距，包括城乡收入差距、地区收入差距、行业部门之间以及居民个人之间等等，各种意义上的收入差距不断扩大已经成为不争事实。但是，如何理解收入差距的实质，尤其是如何思考中国收入差距背后的问题，却历来存在各种争议和不同看法。事实上，中国的收入差距之所以引起国内外的普遍关注，根本问题不仅仅在于迅速拉大的收入差距本身，而在于差距背后的分配不公。

权 衡
经济学博士，博士生导师，上海社会科学院经济研究所副所长。

收入分配差距背后的真正原因是，各种机会不公平造成的不同阶层和不同个人之间发展起点不公和权利不公。这里，最大的机会不公就是城乡教育资源配置失衡，导致城乡教育发展不平衡，特别是城乡教育投入形成巨大差距，导致教育硬件和软件环境，包括城乡生均教育经费、师生配置之比、教舍环境、教学质量等等均存在较大差距，最终可能体现在城乡教育发展质量、学生学习质量、考试成绩等都会发生较大差异。

当然，对学生而言，大家都得面对严格的可谓“机会面前，人人均等”的高考，参加所谓“统考”。但是，因为城乡教育资源配置的失衡，城乡孩子之间从一开始就出现了“机会不平等”，对于唯“考试成绩”而录取的高校，也只能按照公平、客观的原则，依照高考成绩进行录取。这样，也就很容易解释为什么现在名牌大学、重点高校和热门专业，每年考试中农村生源入学率越来越低了。

收入分配差距背后的真正原因是，各种机会不公平造成的不同阶层和不同个人之间发展起点不公和权利不公。

教育公平意义重大，关乎机会公平，关乎人的发展起点公平，关乎未来的收入增长、收入分配和收入流动。从长期来看，一个受教育机会是否公平，不仅决定和影响他未来的收入增长和总体的收入分配，更是决定整个社会不同收入阶层之间是否具有较快的收入流动。

所谓收入流动，指某个特定的收入组人员的收入在经过了一段时间的变化后，其所拥有的收入份额或者所在的收入组别（以五等分分组来计）所发生的变化。观察社会不同的收入阶层，除了看他们之间差距大小以外，更要注重收入流动性大小，特别是要看低收入阶层能否较快地进入高收入阶层；如果每个社会阶层之间具有较快的收入流动性，则表明社会经济发展中机会较为均等；同时，快速的收入流动性可以大大减少不同收入阶层（高、中、低收入者）之间由于收入分配不平等所产生的社会心理压力以及社会矛盾。所以，从这个意义上说，收入流动从长期看可以改善收入差距和分配不公。

问题在于，什么因素决定收入流动性大小呢？应该有很多因素，其中最重要的因素之一就是教育公平。教育公平意味着每个人从发展的起点上具有公平的条件，即所谓初始条件平等，这种平等也意味着这一代人内拥有较为平等的受教育机会，同时也意味着代际之间的公平公正。

那么，何为机会公平？如何评价机会公平？其实，衡量一个国家经济社会发展是否机会公平，只需观察一个人的教育、收入和生活等是不是在很大程度上受到其父母受教育、父母收入以及生活状态的影响。这就是说，一个家庭子女的受教育状况、就业状况和收入以及生活状态越是不受到父母或者家庭背景的影响，则表明这个社会发展机会就越是均等，代际之间不会出现所谓的“龙生龙，凤生凤”的传递问题。这样，每个人都受到公平的教育、享受公平的教育资源配置，这才是最大的机会公平和分配公平，才能保障社会各阶层间具有充分的收入流动性，特别是社会下层才能具有向上流动的通道和机会。这样的社会充分体现公平公正价值和目标，才是和谐的社会。

目前，就我们国家发展而言，既要警惕各种意义上的收入分配差距不断扩大，也要警惕城乡居民收入流动性在下降。实证分析可以发现，上世纪 90 年代以前中国城乡居民收入流动性较快，特别是市场化改革为农村非农产业发展、农民进城等创造了快速的收入向上的流动机会。但是最近 10 多年以来，中国城乡居民收入流动性出现下降，特别是中低收入阶层向上流动的机会在减少。其中的原因之一，就是我国城乡发展不平衡，城乡教育资源不均衡，造成城乡教育发展和教育质量出现较大差距，城乡之间的收入分配差距、收入流动性等问题，从一开始就出现在发展起点的不均等上。

中国收入分配问题原因很多，其中最大的原因在于城乡发展不平衡。今天看来，城乡发展不平衡的根本原因在于除了户籍制度这样的一些刚性约束以外，城乡教育资源配置不均等是其中的关键。长此以往，不断演绎，不仅导致城乡居民发展机会不公平，也导致城乡居民收入流动性下降，出现“城乡底层上升通道受阻，社会阶层固化趋势加剧，贫穷将会代际传递，一代穷世代穷”的状况。

当下从改善收入分配来说，重要的不是要缩小差距，而是立足长远，从战略上解决城乡教育资源均衡配置问题，逐步实现城乡教育统筹协调发展的均衡局面。这也是推进新型城镇化发展，实现中国城乡一体化和现代化发展的重中之重。

延伸 | Extended readings

教育改革是教育公平最大的红利

熊丙奇

核心提示

推进义务教育均衡，只有向改革要成效。包括改革义务教育经费保障机制、行政主导的教育拨款方式，也包括打破分省按计划集中录取制度，实行全国重点大学面向全国的自主招生。

我国教育发展，当下面临两大任务，一是提高教育质量，二是扩大教育公平。对于提高教育质量，基本的共识是要推进教育改革，而对于扩大教育公平，还有不少人，包括教育管理者却认为，只需增加教育资源，或者盘活现有资源即可，并不需要改革。以改革扩大教育公平，应该成为基本的共识。

比如，对于缩小义务教育城乡、区域和校际差异，很多地方的做法主要有：建立“名校集团”，将名校周边的薄弱学校纳入名校集团，贴上名校的校标；实行名校和薄弱学校对口帮扶；推进教师轮换制；实行优质高中名额分配，等等。从表面上看，这些措施是在推进义务教育均衡，可是深入分析却发现，这基本上都是推进公平的表面文章，很难起到均衡的实际效果。拿名校集团来说，把薄弱学校贴上名校分校的校标，就能提高薄弱学校的办学质量？众所周知，我国义务教育阶段，一校之内有“重点班”以及“校中校”，挂牌名校集团，各校的差异并没有缩小，于是只能制造表面的均衡。名校帮扶弱校也是如此，这一做法本身就明确了名校和薄弱校不平等的地位，对

熊丙奇
著名教育学者，博士，上海交通大学编审，21世纪教育研究院副院长，中国高校校报协会副会长。

于缩小校际差异作用有限。而把优质高中的部分招生名额进行分配，想以升学出口来吸引家长、学生选择普通初中，其出发点就很功利——以“升学”前景来选择教育。

要推进义务教育均衡，只有向改革要成效。具体的改革包括两方面：

长期以来，我国义务教育经费保障以县乡财政为主，学校投入取决于县乡的财政实力，这直接导致义务教育学校存在巨大的差异。

其一，打破原有的以县乡财政为主的义务教育经费保障机制，建立强化省级财政统筹的义务教育经费保障新机制。长期以来，我国义务教育经费保障以县乡财政为主，学校投入取决于县乡的财政实力，这直接导致义务教育学校存在巨大的差异，只有实行省级财政统筹，才能尽快缩小地区、城乡的差异。

其二，打破原有行政主导的教育拨款方式，建立国家和地方教育拨款委员会，负责教育拨款预算，并监督政府拨款。推进义务教育均衡，需要增加教育投入，并以均衡为发展教育的首要目标配置资源，但目前，教育拨款的决策权掌握在行政部门，愿不愿意增加投入，怎样拨款，都由行政部门说了算，大家所见的均衡义务教育的措施，大多是不增加教育投入，不改变原有的配置模式的情况下，对现有资源做调配文章，结果也就可想而知。要增加投入，并转变投入方式，只有实行教育拨款委员会民主决策。这其实是要求政府部门交出财权。

再比如，为缩小中西部地区考生高考升学机会与发达地区考生的差距，近年来，在中央政府的努力下，我国实施了国家扶贫定向招生计划，部分985高校、211院校，向中西部贫困地区增投了招生名额，这一定程度提高了中西部贫困地区的一本升学率（全国范围内一本升学率为8.5%，贫困地区仅为5.8%），可是，这一计划对缩小地区间的高考差距是十分有限的，更重要的是，跟踪调查显示，这一计划并没有真正惠及到贫困地区的农村生、贫困家庭身上，因为在高考集中录取制度中，这一计划放在提前批招生，当地的农村生在高考分数上难以和城镇学生竞争。

要真正推进高考公平，必须改革高考制度，这就是打破分省按计划集中录取制度——高校将招生名额分到各省，这是高考成为地方利益，制造地区不公的根源所在——全国重点大学的招生，实行基于统一测试基础的高校完全自主招生，一方面，统一测试保障基本的公平，学校可自主提出申请的成绩要求，达到成绩要求的学生方可申请；另一方面，自主招生落实了学校的招生自主权和学生的选择权，尤其是学生的选择权，当学生可以自主选择大学时，大学的办学必定对受教育者负责，会从提高学校品牌、声誉出发，设置科学、多元的评价体系，选择适合本校的考生。

如果实行这样的考试招生模式，我国高考也就不再实行按户籍报考的方式，全国各地的考生在任何地方都可报名参加统一测试，并以统一测试成绩去申请大学，大学在录取时，可结合统一测试成绩、学生中学学业成绩、地方教育因素、大学面试考察等因素综合评价、录取，这也就从全国层面实现了任何地方都可报名高考。当下困惑我国教育公平的最大问题之一——异地高考，也就从根本上得到解决。

所以，正如李克强总理所说，改革是最大的红利，扩大教育公平，必须有改革的思维。李克强总理指出，“当年从恢复高考入手抓教育，就是一项改变千百万人命运、深刻影响国家发展的重大改革举措。当前深化教育和科技领域改革，仍然要抓住牵一发动全身的突破口和切入点，抓紧推出既利当前更利长远的重要改革举措，务求取得更大成效。”以此观察当下的教育改革，笔者认为实行全国重点大学面向全国的自主招生，就是新的牵一发动全身的突破口和切入点，围绕这一改革，将建立新型的政府与学校的关系，将促进高校现代学校制度建设，将引导基础教育逐渐摆脱应试教育，还将引导地方政府发展教育观念的深层次转变。只有切实推进教育改革，我国的教育质量才能提高，教育公平才有可能持续扩大。

实行全国重点大学面向全国的自主招生，是新的教育改革牵一发动全身的突破口和切入点。

接受阶层分化，拒绝阶层固化

孙乐涛

核心提示

阶层固化是危险的，但阶层分化是自然规律。机会均等的情况下，由于先天后天的各种不同，仍然会造成阶层分化。正常的社会分层是与人类文明相伴而生的，没有前者，后者也将窒息而死。

暑假你顶着骄阳，走家串户做家教，而同学正在济州岛的游学夏令营。打工增加社会经验不是挺好的吗？遗憾的是，这并非你的兴趣选择，而是家庭条件让你别无选择。在国内苦学三年英语，可能不如去美国做一个学期的交换生的效果。

同班甚至同寝室的同学，吃用玩都不同，圈子泾渭分明，往来很少，“就像生活在两个世界一样”。以后走上社会，起点、前途也不同。这就是“分裂”，或者用中性一点的词：分层，阶层分化。

平等并非首要价值

毫无疑问，严重的社会阶层分化乃至“固化”，绝不是一个好现象，它使社会分裂，是动荡的危险征兆。更重要的，它是不人道的，侵害乃至剥夺了下层子弟追求幸福、尊严与自我实现的权利。而承认每个人都具有这样的权利，尽力保障每个人有平等的机会去实现这样的权利，是现代政治合法性的基础，是人类进入现代世界的精神动力。

孙乐涛
高校教师。

中国当代社会分化剧烈，阶层固化严重，主要是结构性的社会分配不公的结果，是“权力不受制衡，资本不被驾驭”的“不完全市场经济”的结果。无疑，建立法治的市场经济体制，使社会分配趋于公正，保障经济社会的可持续发展，是我们的当务之急。

然而，暂时将义愤放在一边，平心静气地思考“平等”这一问题，你会发现，革新“权力市场经济”体制会使我们获得大量本应拥有的平等与福利；但是，即使我们建立起了真正的“法治市场经济”，我们仍旧不可能拥有完全意义上的平等。

严重的社会阶层分化乃至“固化”，绝不是一个好现象，它使社会分裂，是动荡的危险征兆。

比如，即使没有赤裸裸的、结构性的社会不公正，基于社会任意性与自然偶然性所造成的不平等仍是存在的。前者比如各人出身于不同的家庭、地区和日后工作生活中机遇、运气的差异所造成的不平等；后者比如先天的智力、体质、相貌、性别等方面的差异造成的不平等。它们所造成的困扰，对许多人来说比结构性社会不公正的感受更深。

罗尔斯认为，平等是一种崇高的价值追求，但这种价值对现代社会来说并不是首要的，它需要与自由等其他价值取得平衡。对中国人来说，这一点也不难理解，因为把平等作为压倒一切的价值来追求，所造成的荒谬后果，20 世纪的中国人都深有体会。

平等不是首要价值，那什么是首要价值呢？是自由，更精确地说是“消极自由”，即人们不被人为阻碍地按照自己的意愿去行动的自由，比如，我想出国去旅行不被当局禁止出境，我想考公务员不被禁止报名。

但是，排除了这些人为的“禁止”，我仅仅是拥有了做这些事的“机会”或“资格”，要完成这些事，我还必须具备相应的“能力”，比如要有一定的经济实力，付得起路费、报名费、培训费。否则，我前面具有的“自由”就是空的，无意义的。罗尔斯认为，国家、社会应该在一定程度上，保障公民具有实现自己人生目标的能力，主要就是在分配上向弱势群体适当倾斜，以保障基本的“平等”。

不过，对“自由”的保障优先于对“平等”的保障，应该先满足前者，才能考虑后者。自由优先于平等，平等优先于博爱，这就是罗尔斯对这几种价值的“辞典式排列”。

罗尔斯的思想，实际上是一种接受了现代福利国家主张的自由主义。这种理念由来已久。对思想史有所了解的人都知道，19 世纪时西方自由主义高歌猛进的时代，这个时期的自由主义强调自由竞争，主张“最小国家”理论，认为国家应该株守“守夜人”的角色，管得越少越好。但从 19 世纪中后期开始，这种理论受到严重挑战，主要就是在消极国家体制下，垄断集团崛起，财富趋于集中，缺乏社会保障，广大工人阶级劳动生活条件恶化，于是社会主义运动风起云涌，尖锐地指出宪法所保证的自由只是富人的自由、资本家的自由，对劳苦大众来说则不过是贫困的自由、饥饿的自由。

在这种思潮的刺激下，西方自由主义逐渐调整，开始把平等问题、福利国家纳入进来，认为国家应该抑制由于自由竞争而产生的过度分化，扶助弱势群体，使人不论贫富、美丑、体健体弱、智力高下，都能获得生活的基本尊严。罗尔斯的《正义论》就是对这种自由主义理念的系统、成熟的表达。

没有社会分层，文明将窒息而死

然而，对自由主义的这种调整，激进左翼思潮并不领情。带有强烈的浪漫主义、救世主义色彩的激进左翼思潮在 20 世纪开始大规模地社会实践。他们不仅要铲除结构性的社会不公正，而且力图清除由于社会任意性与自然偶然性所带来的不平等。这种对绝对平等的追求使他们激进地否定一切传统社会分层、雇佣关系，这都被视为是不道德的，是剥削与压迫，是对人格的侮辱。而要消灭出身差别这个最顽固的社会不平等，只有实行柏拉图理想国式的统治，使家庭趋于解体，剥夺私有财产，一切都置于哲人王与守卫者的监护之下。

在激进左翼的社会运动中，平等成为压倒一切的价值追求，乌托邦式的平等理念深入人心，一切正常的社会分层都被污名化。这助长了一种过分的仇富心理，使人们在正常的科层关系、雇佣关系中也会心态失衡，产生斗争心理，整个社会经常保持一种搞运动的心态。

著名的意大利社会学家米歇尔斯甚至认为，在现代社会中，任何一个组织要发展壮大，必然会出现领导者与被领导者的阶层分化，即使那些以实现民主为目标的组织，那些无政府主义者的组织，也不例外。因为随着组织规模的扩大，内部事务越来越复杂，与外部其他组织的竞争也越来越复杂，这都要求领导者必须具备超出普通成员的才华、见识与组织、调动资源的能力。这种阶层分化与权力的相对集中，米氏称之为“寡头统治的铁律”。可以说，正常的社会分层是与人类文明相伴而生的，没有前者，后者也将窒息而死。

正常的社会分层是与人类文明相伴而生的，没有前者，后者也将窒息而死。

事实上，中西方各大文明传统对社会分层、雇佣关系、主仆关系都是有很成熟的思考的，其富有智慧的伦理劝诫在数千年时间里产生了健康的社会作用，成为文明的规范性力量。在西方，基督教的主仆伦理便认为：“你们做仆人的，要惧怕战兢、用诚实的心听从你们肉身的主人，好像听从基督一般。不要只在眼前事奉，像是讨人喜欢的，要像基督的仆人，从心里遵行神的旨意。”（以弗所书）“你们做主人的，要公公平平地对待仆人，因为知道你们也有一位主在天上。”（歌罗西书）

在中国，佛教的“六伦”中，亦有一伦就是主仆伦理。儒家的“五伦”中没有单独的主仆关系一伦，但按照儒家把一切社会关系视为宗法血缘关系的延伸的做法，实际上是把主仆关系视为家长与家庭成员的关系。越到中国古代社会后期，这种主仆伦理越成熟，富有人道精神，而并非20世纪被污名化的斗争、剥削关系。《白鹿原》中白嘉轩与鹿三的主仆“义交”就向我们展示了这样的动人一幕。而让许多人感动不已的《桃姐》，其实就是中国传统文化中主仆伦理的一种呈现，只是这种传统中断多年，我们已经完全陌生。

中国人对平等问题的看法过于绝对化、左翼化、激进化。目前，严重的结构性不公正固然是要解决的当务之急，但如果我们不能理性地看待那些正常的社会分层与雇佣关系，社会心理长期扭曲，就很可能矫枉过正，在追求平等的旗号下一发不可收拾。

总之，由于历史原因，近几十年来中国人对平等问题的看法过于绝对化、左翼化、激进化。目前，严重的结构性不公正固然是要解决的当务之急，但如果我们不能理性地看待那些正常的社会分层与雇佣关系，社会心理长期扭曲，就很可能矫枉过正，在追求平等的旗号下一发不可收拾，重蹈历史覆辙，这是很需要警惕的。

名家观点 Experts' viewpoints

廉　思　对外经贸大学副教授

高等教育成为加剧社会阶层分化的助推器

改革开放以来，中国的经济发生剧变，社会的阶层分化越来越明显。在这种情形下，通过高等教育来实现弱势群体向上流动，不仅是具有相当独特性的“中国模式”的一部分，也是一项出色的制度安排，在一定程度上维系着社会公平。然而，研究发现，高等教育的这一功能没有发挥相应作用，存在着家庭经济地位越高，教育层次越高和学校类型越好的趋势更像是一个加剧社会阶层分化的助推器。

胡瑞文　上海市教育科学研究院学术委员会主任、研究员

高等教育需政府、市场两条腿走路

教育服务并非全部是纯公共产品，其中有相当部分是准公共品甚至是典型的私人品需求。

教育服务并非全部是纯公共产品，其中有相当部分是准公共品甚至是典型的私人品需求，市场上有人愿意出高价来购买优质资源予以满足。这也符合经济学的原理，好的教育是成本更高的。相应地，我们不应该一味追求所谓教育的公益性，不加区别地投入公共财政，这样做效果并不好，反而会压制教育的多样化发展。

我们反对花费公共财政的钱来择校，但是用个人的钱来择校则是合情合理的。高等教育本来就是比较典型的私人品需求，尤其是像北大、清华这样国内顶尖的大学，学生有很多都是要出国去的，“举全国之力”的投入体制是否必要且具有效率，值得思考。教育和医疗服务一样，可以视为继工资和税收之后的第三次分配，应当政府和市场两条腿走路，这样才能够提高全社会的资源配置效率，有助于更快地缩小差距。

燕　农　媒体特约评论员

板子不能全打在教育上

拷问“一代穷世代穷”的板子，不能全打在教育上。换句话说，当社会的诸多领域出现明显的不公平，而且这种不公平很难矫正的时候，即便作为社会公平底线的教育实现了公平，也很难带给受教育者一个最终的公平结果。一方面，教育不公只能是社会不公的一部分，而不会是导致后者的魁首；另一方面，教育虽然被公认为社会公平的底线，但教育无力完全兜住社会的公平正义。

蔡　辉　媒体评论员

教育公平不能只靠一小步

补足农村教育资源的“短板”，确实能改变“考不上”，却改变不了“就业难”。事实是，在教育资源分配相对公平的城市，也出现了“弃考现象”乃至“社会阶层固化趋势”，这说明，公平是系统工程，“多走一小步”作用有限。只有从直线思维进化为系统思维，才能应对时代的挑战。

在改革的道路上，问题一直在后面紧紧追赶，办法走得快了，就会把问题甩在后面，而办法走得慢了，就会问题丛生。随着体量增加，走一步的成本也会上升，“一小步”也许是务实的思路，但面对“社会阶层固化趋势加剧”这样的大问题，不紧走几步，恐怕不行。

网络反腐，利弊何在

02

KEEPING THE
MINUTES OF CHINA
WITH THOUGHTS

主题

韩建平　剑走偏锋为何仍受青睐？

延伸

胡印斌　“侦探式维权”很难复制

张天蔚　法官沦陷则法律失信

洪　丹　网络反腐应落脚在现实中

名家观点

喻国明　汤嘉琛

王石川　刘晓东

周东飞　傅达林

主题 | Key Articles

剑走偏锋为何仍受青睐？

韩建平

核心提示

造谣诬陷、侵犯他人隐私、泄露反腐机密……网络这个非主流反腐渠道虽然有这样那样的问题，但仍受众人青睐。究其原因，主流反腐渠道不通畅是根本：举报之后无反馈、程序慢、受其他公权力干扰，乃至举报人被打击报复。网络反腐对于举报人来说则低成本、高效率，而围观者也宣泄了对腐败现象的焦灼情绪。

无论“主流反腐”还是“非主流反腐”，矛头的指向都是腐败现象。但是，作为体制之外的一支反腐力量，“非主流反腐”常常因其自主性、非理性而剑走偏锋。

有学者指出，曝光式反腐常常令人感到纠结——有时的作用是建设性的，有时的作用却是破坏性的；有时是社会舆论监督的有效手段，有时又可能是宣泄私愤的谣言集散地。据上海交通大学新媒体与社会研究中心《2012 年微博年度报告》显示，在其搜集到的 2012 年影响较大的 24 起网络反腐案例中，有 9 起属于谣言。这些网络反腐案例体现了比较典型的“非主流反腐”特征。

鉴于公共网络举报这柄“双刃剑”天然的负作用，最高人民检察院发言人曾强调：“我们现在提倡网络举报，这会对举报人提供一个很好的保护。一般检察系统、纪委等机关都有自己的举报网站，同时有自己设计的软件。邮件一发送过来就进入我们的服务器，这个服

韩建平
媒体评论员。

务器是加密的，任何人都截获不了，保密性很好。但我们绝对不提倡在公共网上举报。很多人为了发泄义愤，在公共网络上举报，但效果适得其反。因为这些信息让被举报人知道后，他会有所准备、会串供，结果导致很多事情无法查实。反过来，被举报人还会告其诽谤，而司法机关只能追究举报人的诽谤责任。”

令人困惑的是，很多人明知“非主流反腐”存在诸多先天缺陷，为何依然宽容、支持甚至参与其中？

路径受阻，不得已“另辟蹊径”

“主流反腐”渠道难以畅通的地方，“非主流反腐”必定自发生长。

其实，早在2001年，最高人民检察院就建立了网络举报平台。但在此后的数年间，网络举报平台的利用情况却呈下降趋势。到2008年，北京市检察机关受理的案件经群众举报的只占35%，较之本世纪初的近70%减少了一半。

在2012年全国纪检监察机关立案调查的案件中，来源于群众举报的线索占41.8%，这在各种线索来源中是最高的。但是，这并不意味着举报渠道都能畅通无阻。在一些地方，常规反腐举报渠道有时会出现“血淤气滞”的状况。

> 传统反腐体系有一定的封闭性，接到举报后查不查往往由领导说了算。反腐渠道层级多、环节多、效率慢，并且同级举报人容易受干扰，甚至遭故意回避。
> 常规反腐路径受阻，使得众多无奈的举报者不得不另辟蹊径。

2010年1月29日，陕西省汉中市公安局汉台分局党委委员、纪检委书记刘继全等三名警官，通过“百度贴吧”实名曝光了汉中市公安局副局长——原汉台分局局长汪广赋徇私枉法的贪腐行为。在公开举报受到有关方面重视后，2月12日，汪广赋被停职；3月24日，汪广赋因徇私舞弊、玩忽职守等严重违纪行为受到留党察看二年、撤销职务处分。有报道称，此前刘继全曾多次通过正常渠道举报，但均无效果；写给上级的举报信经过一路批转，最终回到了自己手里。

“虽然我国有党内监督、人大监督、政协监督、舆论监督等制度，但在一些地方，由于种种原因落实效果并不好。群众信访也存在渠道不畅通、督办不到位等问题，拦访、截访事件时有发生。”中央编译局世界发展战略研究部主任何增科在分析反腐举报机制的缺陷时如是说。

“传统反腐体系有一定的封闭性，接到举报后查不查往往由领导说了算。反腐渠道层级多、环节多、效率慢，同级举报人容易受干扰，有时甚至遭故意回避。”中央党校吴辉副教授分析指出。

显然，常规反腐路径受阻，使得众多无奈的举报者不得不另辟蹊径。

公开快捷，易促成“官方作为”

截至2012年年底，我国网民数量约5.6亿，微博用户规模为3.09亿。互联网及手机3G技术的普及，为“非主流反腐”的活跃提供了重要的技术支撑。今年全国“两会”前夕，在人民网“2013年十大热点问题调查”中，“反腐倡廉”的分项调查显示：68%的网民愿意通过网络曝光的方式参与反腐。

北京大学政府管理学院李成言教授认为：“很多网民之所以选择网络反腐，是不想举报后被动地等待有关部门去查办，而是希望自己掌握反腐的主动权，借助网络平台，以舆论压力促使官方在反腐败上更有所作为。”实践已经证明，新媒体平台的公开性、透明性、快捷性、广泛性已经彰显了舆论的巨大威力，而这种威力是任何部门乃至官员都无法回避的。

> 新媒体平台的公开性、透明性、快捷性、广泛性已经彰显了舆论的巨大威力，而这种威力是任何部门乃至官员都无法回避的。

“以互联网络作为平台的民间反腐，可以说是一种公开举报，它给予负有监督责任的部门以巨大的压力。”中国社会科学院尹韵公研究员认为，“按传统的举报方式，反腐部门是否进行了查处、结果怎样，举报人都不清楚。通过网络反腐，监督部门在舆论压力下要时时作出反应，民众能及时了解到案情进展情况。”

在2013年全国两会上，政协委员彭雪峰律师这样阐释自己观察的结论：“2012年以来，凡是引起广泛关注的网络反腐事件，官方基本都会在两至四天内给出回应。”显而易见，“非主流反腐”之所以在反腐败斗争中很夺人眼球，与公众热切期待的官方回应“效率”直接相关。

尽情宣泄，以感受“情绪共振”

在网络这个虚拟世界中，人们更容易淋漓尽致地进行这种需求的宣泄。然而，这也容易成为一把双刃剑，走向极端就会演变成一种精神层面的群体暴力行为。虚拟社会的民间力量在这里容易失去理性，对社会构成巨大的伤害。

“官员腐败是民众最不满意的社会问题之一。”《2011 年中国社会心态研究报告》主编、中国社会科学院社会学研究所王俊秀副研究员在接受媒体采访时坦言，“群体性怨恨”是当前诸多热点事件背后的民众情绪基础，而贪污腐败则是民众不满情绪的三大指向之一。

“在群体心理中，人们都有一种要表现社会正义感的需求，”南开大学博士生导师齐善鸿教授指出，“在网络这个虚拟世界中，人们更容易淋漓尽致地进行这种需求的宣泄。然而，这也容易成为一把双刃剑，走向极端就会演变成一种精神层面的群体暴力行为。虚拟社会的民间力量在这里容易失去理性，对社会构成巨大的伤害。”

针对“非主流反腐”当中呈现的社会心态，有学者提出了“激情反腐”的概念。意思是说，在反腐败的舆论场中，基于对腐败的深切憎恨，复仇式、群体式的反腐呼声和行动有一个鲜明的特征：激情主导一切——诸多参与者在表达、发泄对腐败的痛感时，无形中推动了反腐进程。

中央编译局世界发展战略研究部主任何增科认为：“并不是所有举报人都出于正义感，其中一些举报人是因为要求得不到满足、产生利益冲突而选择网上举报，这一点令人深思。”

吸引围观，靠舆论“借力自保”

反腐败是一场“你死我活”的斗争。那些势单力薄的举报者要摘下腐败分子的乌纱帽，甚至将他们绳之以法，这就决定了反腐败斗争的残酷性、复杂性和艰巨性。

相对于举报材料石沉大海、无人问津，更加令人恐惧和担忧的是，举报人遭受打击报复事件时有发生。据最高人民检察院发布的资料显示，约有70%的举报人不同程度地遭受到打击报复或变相打击报复。其中，各类“隐性打击报复”举报人的行为，因其手段“合法”、行为隐蔽，往往难以界定，举报人一直处于法律救济的“死角”。

反腐败是一场“你死我活”的斗争。那些势单力薄的举报者要摘下腐败分子的乌纱帽，甚至将他们绳之以法，这就决定了反腐败斗争的残酷性、复杂性和艰巨性。

2009年3月，《中国青年报》刊发的一篇文章指出：“改革开放30年来评出的10个反腐名人，其中9人遭到打击报复。现在的越级上访现象，也说明举报受理机制方面存在问题。很多举报得不到有效回应，甚至经过层层转批后回到被举报单位，出现被举报人拿着举报信找举报人谈话的尴尬局面。”

纵观“非主流反腐”的成功案例，因具备戏剧性、冲击性、曲折性等要素，往往能够以非常态的吸引力形成“围观效应”。引发围观的意义不仅在于引起官方重视，迅速查办腐败官员，同样希望通过引起公众的注意，令被举报者惮于舆论不敢肆意报复。比如，雷政富事件的爆料人朱瑞峰在感到自身安全受到威胁的过程中，不断通过微博向社会发出关注呼吁，并向北京警方寻求庇护。有评论指出：“朱瑞峰这个令雷政富们咬牙切齿的眼中钉之所以目前还算平安，一个重要原因是他太受关注了，没人敢轻易动他。”

延伸 | Extended readings

“侦探式维权”很难复制

胡印斌

核心提示

那些看似常常沉默的民众，正在以自己的方式笃定地审视着公权力，并随时为其权力失范行为“立此存照”。
创造更加公平的法治环境，用公力救济代替私力救济，让普通民众不必费尽心机，都能够在法律的框架下主张权利，实现公平正义，才是正途。

上海法官集体招嫖案爆料人的绝地反击，以一种彻底的态度对公权力释放出一个强烈的信号——那些看似常常沉默的民众，正在以自己的方式笃定地审视着公权力，并随时为其权力失范行为“立此存照”。若依然不加检点，不知约束，罔顾民众的合法权利，并在公共事务中悍然践踏公平正义，最终只能是被民众彻底抛弃。

潜藏于“侦探式维权”背后民众的坚持，极有可能迅速发酵、蔓延，成为民众日常生活中追求公平正义的精神指针。而无数双像上海法官集体招嫖案爆料人一样的眼睛一旦睁大并锁定目标，则必然会使那些公权人物多有忌惮，不敢、不能为所欲为，肆意击穿底线。这样的做法，与民主监督殊途同归。或者说，本来就是一种民主监督。眼下，“人人都有摄像机”的现状，也正在制造着这样一个压力环境。

胡印斌
知名媒体人，评论员。

不过，并不是人人都可以效仿、复制“侦探式维权”，这样的成功也不可持续。一方面，“侦探式维权”显然是一个技术活儿，存在一定“门槛”，一般人很难如法炮制，甚至有可能因为过度介入私域而侵犯他人的隐私权；另一方面，现实中的民众，未必都能够有足够的勇气，在不公的挤压下变身侦探。

可见，公权力还是应该创造更加公平的法治环境，让普通民众通过正常的法治渠道来纾解不平、寻求正义，而且过程不要那么艰辛。而一个正常的、公权私权各守其分的制度环境，不仅是民众的殷切期待，也符合公职人员的正当权益。如果非要等到民众都去效仿“侦探”，进行“一个人的复仇”，这个环境显然是不正常的。

公权力应该创造更加公平的法治环境，让普通民众通过正常的法治渠道来纾解不平、寻求正义，而且过程不要那么艰辛。

具体讲，一是要继续拓宽民众表达意见、主张权利的合法渠道。二是既有的表达渠道应该多一些积极主动，而不是麻木迟钝。不能听任民众的声音总是沉没，更不能选择性地听取意见，等到事情“闹大了”才启动应急反应。

高难度的侦探式维权费时费力费技术，还有侵犯他人隐私的嫌疑，本身就是法治的尴尬。创造更加公平的法治环境，用公力救济代替私力救济，让普通民众不必费尽心机，都能够在法律的框架下主张权利，实现公平正义，才是正途。

法官沦陷则法律失信

张天蔚

核心提示

司法是社会公平与正义的最后一道防线，当法官失去对法律的信仰，他们手中的司法权力，就极其容易变成腐败敛财的工具。

法官违纪违法是人民法院的耻辱，是司法公信的灾难。

司法是社会公平与正义的最后一道防线，法官是司法的“形象代言人”。上海法官集体招嫖击破了人们对司法正义的信心底线，最高人民法院院长周强称之为耻辱和灾难，毫不为过。

当法官失去对法律的信仰，他们手中的司法权力，就极其容易变成腐败敛财的工具。活跃在司法界的一股重要力量，“司法掮客”存在的唯一目的，无非在当事人与法官之间，搭起一座出卖司法公正而换取法官私利的黑色桥梁。

“法官违纪违法是人民法院的耻辱，是司法公信的灾难。”周强的话是对这一案件最到位的评价，是对中国司法现状的忧虑和警示。

事实上，法官是法律的具体执行者，是法律的“形象代言人”，法官的形象破产，则法律的威信亦随之受损。正是在这个意义上，法官的丑闻，是司法公信的灾难。

张天蔚
知名媒体人，《北京青年报》评论员，社评部主任。

可悲的是，法官违法违纪，上海法官们并非首例，不过是集体招嫖的行为实在超出想象，才招致舆论的格外关注而已。而法官群体一再爆出违法违纪丑闻，早已严重伤害我国司法公信，在若干演变为公共事件的司法个案中，不断出现“舆论审判”的趋势，固然有民粹鼓噪的因素，但与司法公信不足也不无关联。

当公众认定案件不可能在既有司法程序中得到法律的正义审判时，动用舆论力量形成庭外压力，就被视为抵制司法不公的唯一可能。从曾经轰动一时的邓玉娇案、药家鑫案，到刚刚落幕的唐慧案和在博弈中最后落锤的李某某轮奸案，都是经典的案例。在这些案例中，舆论的介入未必真的实现了法律意义上的公正，但仍然被普遍认为是舆论的某种胜利。

“司法掮客”存在的唯一目的，无非在当事人与法官之间，搭起一座出卖司法公正而换取法官私利的黑色桥梁。

这种在司法程序之外寻求正义的趋势，绝非法治之福，亦非公众之福。可是不断爆出的法官丑闻和司法被权力、金钱操弄的传言，又让人对通过司法程序获得司法正义失去了信心。这正是中国法治建设中遭遇的尴尬和困局。

至于参与集体招嫖的法官们何以堕落至此，除了泛泛而论的放松思想改造、制度监督不严之外，更深层的原因，或许在于这些法官们本身就失去了对法律的信仰和信心，甚至由于亲身接触各种司法内幕，这些法官可能比公众更不相信法律。

法律是人类社会创造的一种极其精巧而独特的制度工具，为保证司法公正而要求的司法独立，与对权力必须的监督、制约之间，存在着天然的矛盾。因此，法官对法律的信仰和对社会公正的执着，就变得格外重要。这也是社会普遍对法官比对官员有更高的道德要求的内在原因——对官员可以有更多的制度制约，对法官却更多地只能诉诸其内心的信仰和自律。

但是，当法官并不认为他是在独立地依法审判案件，而是有某种法律之外的东西笼罩在法律之上时，法官对法律的信仰和信心，自然会出现动摇。而当法官失去对法律的信仰，他们手中的司法权力，就极其容易变成腐败敛财的工具。美国法学家伯尔曼在《法律与宗教》中提出那个著名的论断——“法律必须被信仰，否则它将形同虚设”，原因即是在此。

当法官失去对法律的信仰，他们手中的司法权力，就极其容易变成腐败敛财的工具。

网络反腐应落脚在现实中

洪　丹

核心提示

不能忽视网络作为重要反腐信息来源的关键作用。但网络毕竟只是一个技术工具和平台，实现网络监督与现实监督的有效对接，成为了无法回避的问题。

中国社会科学院发布的《中国新媒体发展报告（2013）》显示，2010 年至 2012 年，反腐案件首次曝光于新媒体的合计 156 件，是传统媒体的两倍。不论是从相对数还是从绝对数上讲，新媒体都是主要的反腐倡廉事件的首次曝光媒介类型。

恐怕无人会否认网络在反腐中的赫赫威力。网络反腐中落马的官员，其最终的“倒掉”几乎都始于一个与其违纪行为并不直接相干的“引子”。陕西安监局长杨达才，因为其在灾祸现场的一个疑似“微笑”的照片，被查出在任职期间严重违纪并涉嫌犯罪。尽管到后来，大家发现杨达才在看守所里同样是“看起来像在微笑”的表情，但丝毫不妨碍这些违纪官员因为网络的曝光而引发了包括纪委力量在内的广泛监督。如今，许多官员更是十分害怕自己的面孔出现在网络上，一个不留心，不知道触发了哪门子“引子”而毁掉了自己的前程。不过，即便官员们再小心防范，也不影响网络反腐一次次获取胜利与人心。口无遮拦，是网络反腐屡战屡胜的重要原因，这是传统媒体所不能比拟的。

洪　丹
知名媒体人，《南方日报》记者。

但是，口无遮拦同样是网络反腐在不同场合都陷入混乱无序的关键弊端。网络在赋予网民言论自由的同时，一些网民却滥用网络言论自由权，或为了赚取眼球，或为了窥探隐私，或出于发泄私愤，发布虚假信息。为了使自己的举报“言之凿凿”，不惜详细罗列与贪腐内容无关的所有个人信息，甚至将被举报人的真实身份和个人信息暴露在亿万网民面前，盗用他人照片佐证自己的观点或主张，使网络反腐没有了底线，容易构成对公民隐私的侵犯。

口无遮拦，是网络反腐屡战屡胜的重要原因，这是传统媒体所不能比拟的。但口无遮拦同样是网络反腐在不同场合都陷入混乱无序的关键弊端。

有效引导网络反腐的力量，使网络监督与现实监督相对接，才能最大限度地保护举报人的信息以及被举报人的合法权益。网民的反腐热情需要理性引导，反腐过程中网络与现实的有效、迅速对接，不仅是民间的意愿，也是监管层应该正视的问题。

网民的反腐热情需要理性引导，反腐过程中网络与现实的有效、迅速对接，不仅是民间的意愿，也是监管层应该正视的问题。

网络毕竟只是一个技术工具和平台，如果没有现实监督的介入和回应，所谓的监督只能是网络媒体的自说自话，如果没有政府部门的关注和重视，也就不可能使事件得到有效处置。反腐行为最终需要一个落脚点，毫无疑问，这个点并不是在网络之中，而在现实对接中。

从这个意义上说，我们没有溢美网络力量的必要，却不能忽视其作为重要反腐信息来源的关键作用。能否善用这些信息资源，弥补网络监督的短板，实现网络监督与现实监督的有效对接，成为了无法回避的问题。

名家观点 | Experts' viewpoints

喻国明　中国人民大学新闻学院教授

不必纠结网络反腐的动机

从社会角度来看这件事情的时候，我们更注重的是效果本身，而对于动机本身我想不必过多地纠缠和纠结。就像我们曾争议说王海打假是以谋利为动机的，实际上相对于假货的打击来说，他更专业，打击的力度更大。

汤嘉琛　媒体评论员

官员作风混乱不是私事

作为个人，官员们的私生活与普通人一样受到法律保护。但是，作为官员，如果卷入了集体嫖娼之类的丑闻，“私德”便不再是什么遮羞布。官员是一种非常特殊的“职业身份”，手握行政权力或话语权的他们，必须对自己有更高的道德要求，也必须接受更严苛的社会监督。作风混乱的问题早已不再是官员的“私事”，而是很可能涉及腐败，且严重损伤公务人员的形象和公信力。

王石川　媒体评论员

律师与法官的合谋必须严惩

如果律师和法官之间存在利益输送，比如行贿、受贿，法官还能依法判决、捍卫法律公正吗？律师和法官的暧昧交往，难免让人联想，两者的合谋必然牺牲法律尊严，伤害他人的合法权益——老百姓最怕的就是律师与法官合谋侵害当事人的权益。

司法领域的腐败与其他公共权力腐败都有共同之处，即源自权力的稀缺性、权力行使的任意性和制度的缺陷性。权力的稀缺与一定的予取予求，决定了律师有时必然要看法官的脸色。律师和法官都是精通法律的群体，他们更有责任维护法律尊严。

刘晓东　中国互联网络信息中心分析师

微博药片治不好腐败病

如果说腐败事件以及背后的制度性缺憾，使得中国像是一个病人。要治愈病患，吃药自然是一种方法，但良好的生活习惯才是本质性的解决方案。微博就如同药片，真正意义上开放的媒体，则像是培育良好生活习惯的良方。一面吃药、一面继续糟糕的生活习惯，这个人绝无有健康的可能。

周东飞　媒体评论员

群众监督面临“第22条军规”

尽管民众发现违法嫌疑可以向职能机关举报，但如果没有过硬证据，民众将如何面对“查无实据”这样一个万能回复？被剥夺实质监督权的民众，可能面对的就是“第22条军规”。你无权取证，所以必须求助于职能机关。你没有证据，所以举报将不了了之。既要保护公民隐私，又要推动网络反腐，只要区别清楚了私权与公权，就必定能够找出一个两全之策。

傅达林　解放军西安政治学院军事法学系理论军法教研室副主任

用判例解决隐私权与监督权的边界

我们不能继续回避对官员隐私权的界定，究竟哪些属于官员的纯个人隐私，哪些属于与职务廉洁性相关的部分，这种界限立法或许难以一时作出清晰的标识，但在民事诉讼的个案中，司法机关可以探寻、发现其中的“奥妙”，以形成指导性的判定规则，最终确立起官员隐私权的限度与公众监督的边界。

极端暴力：原因及对策

03

KEEPING THE
MINUTES OF CHINA
WITH THOUGHTS

主题 | Key Articles

社会戾气：是社会追太紧，还是政府管太松？

石述思

核心提示

社会一旦出现问题，问责政府成为大众一个习惯性动作，政府往往掀起声势浩大的亡羊补牢行动，循环往复。解决问题不应靠回到权力主导社会管理的过去，而是找到矛盾的真实原因，构建一个符合社会经济发展需要的“小政府，大社会”管理框架，加速整个国家民主化进程。

2013年7月，首善之区北京竟然在一周时间内连续发生7起恶性治安事件，其中4起存在恶意伤人行为。其间，轰动全国的长春盗车杀婴的罪犯周喜军刚刚被核准死刑。此前，厦门人陈水总公交车纵火，导致47人身亡。在北京被摔女婴离开人世的当天，黑龙江海伦联合敬老院亦发生火灾，共造成11人死亡，年龄最大的87岁，最小的46岁，起因竟是一位老人因为遗失200元人为纵火。

这些连续的恶性治安事件，无疑表明随着体制转型期矛盾的加剧，社会戾气迅速升腾，在加剧公众的恐慌。

有一种熟悉的声音便再度浮出水面：中国社会不是管得太严而是太松。不言而喻，这话是说给政府听的。此前娱乐界的成龙即曾因散布“中国人欠管”的言论引起轩然大波。

在一个权力向政府高度集中的威权社会，社会一旦出现问题，习惯性问责政府成为大众一个习惯性动作，大声疾呼乃至口诛笔伐之

石述思
著名评论人。

下，政府往往掀起声势浩大的亡羊补牢行动，循环往复，了无新意。

伴随着改革开放进程，个人权利意识觉醒，多元价值利益博弈加剧，计划经济时代政府包办一切的管理模式逐步放松，臣民社会逐步向着公民社会大步迈进。但由于行政体制改革的滞后，传统的重管理、轻服务的管理思路依旧阴霾浓重，在稳定压倒一切的严苛政绩考核体系下，加之阶层固化、贫富分化导致公众表达和实现自己利益诉求的渠道日益狭小，并经全民功利主义思潮催化，各类社会矛盾日益积聚，成为个人恐怖主义肆虐的温床。

在当下社会，强化政府管理表面上充满谄媚和忠诚，实际上在给权力机关添堵。

毋庸讳言，在当下社会，强化政府管理表面上充满谄媚和忠诚，实际上在给权力机关添堵。

中国目前官民比例比任何一个朝代都失衡，违法的临时编外人员大量存在，各个中心城市的街头遍布探头，遑论网上言论管理新举措更是频出，但依旧阻挡不住各类社会恶性事件频发，大量消耗纳税人承担的监管费用。

其实，放眼古今中外，如果不以民生为本，用健全的法治管好吏治，单靠政府严管都会事倍功半，甚至引起社会更大民意反弹甚至动荡。

明太祖朱元璋推出严苛王法《大诰》，强令农民在田间地头学习，并对官员严管，贪污60两纹银剥皮实草，但最终难以遏制贪腐频发和民不聊生的窘境。希特勒更是从严加强社会管理，宣传部长戈培尔声称“谎言重复一千遍就是真理”，希特勒为了推动独裁专制，由冲锋队、党卫队和钢盔团成员组成的所谓“辅助警察”，先后接管了各地的警察部门，并在各大区建立了集中营，关押成千上万的共产党人、社民党人和其他的反法西斯战士，并大肆屠杀犹太人，公权严管社会到了无以复加的程度。前苏联为了强化管理，不仅成立特务组织契卡——后变身为克格勃，将所有异己关进西伯利亚集中营，被非法枪毙的无辜者不胜枚举，为以后分崩离析、丧失政权埋下巨大隐患。

前事不忘，后事之师。中国改革开放以来，顺应历史潮流，通过体制改革极大地解放生产力，取得了举世瞩目的成就。但由于深度改革的滞后，权力干预微观经济现象加剧，权力寻租导致的腐败丛生，既得利益集团变相盘剥百姓，遏制其正当利益诉求的现象日益严重，导致社会矛盾日益积聚，才是危及社会稳定的罪魁祸首。

因此，当下社会矛盾凸显，戾气爆棚，不是政府管理太松还是太紧的问题，而是如何管，管什么，靠什么管的问题。

当下社会矛盾凸显，戾气爆棚，不是政府管理太松还是太紧的问题，而是如何管，管什么，靠什么管的问题。

新一届领导集体成立以来，是以自我革命的姿态登场的。对党内，厉行节约，大力反腐，依法治党，习总书记一句响亮的“将权力关进制度的笼子里”清晰地指明加强管理的方向；而李克强总理推动的简政放权、回归市场，则表明了放松管理的目标。

现在处在推动改革、强调依法治国、加强社会管理的关键历史时期。面对社会戾气的集体爆发，竟然有人误导党和政府，开出令人无比忧虑的强化权力干预社会的药方，着实令人费解。

当务之急不是回到权力主导社会管理的过去，而是找到矛盾的真实原因，并努力推动体制变革，加强依法行政，真正构建一个符合社会经济发展需要的“小政府，大社会”管理框架，将更多管理职能依法赋予社会组织，推动公民社会成长，加速整个国家民主化进程，为真正的法治创造前提。

莫让恐惧和义愤淹没理性

杨于泽

核心提示

无论出于什么原因，无论多么值得同情，犯罪就是犯罪，法律的意义就在于此。但以此为由拒绝反思，同样是非理性的，因为对犯罪的社会成因以集体名义进行反省，是改善社会环境，让社会多一份和谐，让人性、良知和对法的敬畏根植于头脑，让更多人能享受“岁月静好”的途径。

暴力事件在某一时段或某一地区比较频密地发生，自然激起了非常大的社会关注，各种声音都有。有人担忧社会不太平了，出门都提心吊胆；有人把弱势者的犯罪美化成“反抗”，有人则反感到呼吁恢复传统酷刑；有人说这是“社会危机”爆发，有人则不认为有社会原因，就是个体暴戾。

面对暴力犯罪，恐惧和义愤都是自然的情绪，我们不能要求人们闭目塞听，不闻不问，在现代传播形势下做不到也没必要这样做。但是过于放大恐惧和义愤，也会导致理性被淹没，理解意气化，解决手段走偏。我们需要直面事实的勇气，更需要保持冷静和理性，积极寻求解决之道。

美化的论调首先站不住脚，犯罪就是犯罪，虽然有的原因令人同情，但不能将犯罪成因和犯罪事实等同起来，这应该是判断的基本出发点。义愤到狂躁也不足取，我们是法治国家，各种犯罪如何定性如何惩处，自有法律。我们要有谴责犯罪的社会氛围，但不能取代法律

杨于泽
知名媒体人。

认定，更不能自己动手替天行道。

我们还要劝告公众不必放大恐慌。在通常情况下，暴力事件或暴力犯罪由个体或小团伙实施，具有偶发的特点。暴力，在任何时候、任何地方怕都是会有的，当然它们在时间、空间上的分布未必是“均衡”的，所以有的地方看起来似乎多些，有的时候似乎显得相对多些。对此，没必要过度解读，更不可抱着唯恐天下不乱的心态，渲染恐怖气氛，弄得公众神经紧绷。

过于放大恐惧和义愤，也会导致理性被淹没，理解意气化，解决手段走偏。

特别需要讲一讲的，是社会原因，到底有没有社会成因，需不需要进行社会反思，只靠严厉打击能在多大程度多长时段上解决问题？

有人主张不必问什么社会原因，反对将个体犯罪与社会联系，只要严惩就够了。这就是意气用事。任何违法犯罪活动既有行为主体个人的原因，也有其社会根源，这是法学领域的一般共识，否则我们根本就无须进行犯罪学研究，也不用谈惩治与预防并重。犯罪学研究的目的，并不是证明一个罪犯为什么这么坏，而是研究他是如何变坏的，进而进行有效的犯罪预防。一个人违法犯罪，是个人蓄谋或一时心理失控，但也一定跟他成长的小环境甚至整个社会大环境有关，怎么能说没有社会成因呢？预防犯罪，不是先知先觉到把潜在犯罪者控制起来，而是进行必要的社会干预、社会改良，培养人的良知和法的意识。讳言社会因素，或者不问青红皂白地将个人行为归咎于社会，都是不理性的。

面对个体的暴力行为，我们不应拒绝以集体的名义进行反省。在中国传统的儒家伦理中，儿子的错老子自认有咎，旱涝灾害老百姓，皇帝和百官都要“罪己”，体现的都是一种自求诸己的精神。这不是混淆责任，而是在明确责任的前提下，通过尽可能地“尽人事”而图改进。

一定时段内的犯罪多发，当然需要有效打击。但就算把犯罪者都杀了头，也不是根本性的解决之道。极端恶性的犯罪者，或许在犯罪之前就抱定了坐牢掉头的准备。我们提倡社会反思，目的还是希望有所改进，让社会多一份和谐，让人性、良知和对法的敬畏根植于头脑，让更多的人能够享受“岁月静好”。

延伸 | Extended readings

不要动辄将犯罪与“报复社会”相关联

曹　林

核心提示

中国的社会问题需要解决，诸多矛盾不可回避，但动辄把犯罪与报复社会关联起来，甚至将犯罪嫌疑人描述成反体制、反权力、反不公的英雄，用悲情的笔调渲染报复的正义和反抗的正当，则是陷入了犯罪嫌疑人的逻辑陷阱。在法治社会，法律未得到正常运转是一种恶，以“未受到法律保护”为由去违法伤害无辜者，是更大的、更不可饶恕的恶。

国内公共场所接连发生暴力案件，有的是引燃爆炸物，有的是持刀砍人。虽然相互并无联系，但集中发生还是让社会产生了不安。尤其是很多人将这些刑事犯罪与“报复社会”联系起来后，更向社会传递了一种恐惧。毕竟中国社会纠结着很多矛盾，如果这些矛盾都转化为暴力犯罪，将会对社会秩序造成极大冲击。

暴力犯罪不仅引起了社会不安，也在网络上引发争议，意见相左的两方为此争得不可开交。一方据此反思社会问题，呼吁将矛盾控制在可治理状态，追根溯源把问题归咎于政府，归咎于“有理无处讲”所逼出的暴力。另一方谴责犯罪，并谴责这种犯罪得到了某种“同情论调”的暗示、诱导与纵容，“报复社会”的魔鬼是“批评政府的公知们”放出来的。

曹　林
《中国青年报》评论部副主任。

两方的论调虽然大相径庭，结论甚至是对立的，但都掉进了犯罪嫌疑人设置的逻辑陷阱中。将犯罪与“报复社会”在逻辑上联系在一起，这正是犯罪嫌疑人的逻辑，也是他期待别人接受的逻辑，并借此造成社会影响。尽管反对暴力和反思暴力的根源，是两回事、两个问题，但争论的双方都被那些犯罪嫌疑人牵着鼻子走了，在“报复社会”这个伪命题上争得面红耳赤。

有一种论调是需要特别反对的，那就是一旦公共场所发生了暴力犯罪，事件的前因后果还没弄清楚，嫌犯的动机也不清楚，警方刚介入调查，一些人立刻就迫不及待地将犯罪与“报复社会”联系在一起，并高谈阔论地分析其背后深刻的社会原因，批评政府的不作为，将问题归咎于“有理无处讲”，逼人作恶，更有甚者将犯罪嫌疑人描述成反体制、反权力、反不公的英雄，用悲情的笔调渲染报复的正义和反抗的正当。

在法治社会，法律未得到正常运转是一种恶，以“未受到法律保护”为由去违法伤害无辜者，是更大的、更不可饶恕的恶。

这种评论思维，其实已经先入为主地陷入了犯罪嫌疑人的逻辑中，这正是犯罪嫌疑人所臆想的正义。这种思维最大的硬伤，就是“评论和反思跑到了新闻与事实的前面”。其实，一些犯罪跟“报复社会”毫无关系，也没有悲惨的受迫害经历，最终的调查证实，作案者完全是疯子，有过精神病史，或者人格不健全。这种“无视事实”、“跑在警方调查前面”的分析，不仅误导了公众，更会在社会中传播不安，甚至会诱发犯罪。

事实还不清楚，就喋喋不休地争论“犯罪与报复社会”的关系，从逻辑上看，这完全是臆想出来的假性因果。即使事实证明犯罪可能源于某种诉求得不到满足、问题得不到解决、权利得不到保障，也不能顺着“报复社会”的逻辑去单向思维。其一，制造伤害就是违法，违法必然受到追究，这不是正确的废话，而是必须要强调的常识与原则，任何修饰都无法给犯罪包裹上正当的外衣。其二，“报复社会”根本不可能实现，社会是一个抽象的存在，“社会”不可能被报复，刀尖都会刺到具体的人身上，受伤受害的都是无辜的百姓。其三，在法治社会中，“报复”都是非正当、反法律的，人类社会的进步就在于告别了血亲复仇、以牙还牙的野蛮，法律未得到正常运转是一种恶，以“未受到法律保护”为由去违法伤害无辜者，是更大的、更不可饶恕的恶。

作恶的人，不觉得自己是在作恶，而是在行一种大义，从而为自己的作恶找到一个冠冕堂皇的理由，“报复社会”就是这么产生的。我们不能被犯罪嫌疑人的逻辑牵着鼻子走，不能掉进他们设置的逻辑陷阱中，更不能跟着精神病人的病态、极端、臆想的逻辑走。中国的社会问题需要解决，诸多矛盾不可回避，但一码归一码，在逻辑上要分清楚。问题一定要解决，作恶的人一定要受到惩罚。

最该少暴戾气的三种人

王旭明

核心提示

官员、执法者和所谓各类成功者，因其决策权力、行政权力和我们社会对成功者的溺爱形成的成功者滥权，对整个中国影响极大、范围极广。这三种人减少了暴戾气，中国社会戾气会少一大半。

什么叫暴戾？根据《现代汉语词典》的解释，暴戾是指粗暴乖张；残酷凶恶。通俗理解暴戾气就是不雅行为、粗暴习气，对人刁钻冷酷、蛮不讲理。有人撰文，呼吁公众增加理性判断，增加和谐情感，减少暴戾因素。这话从原则上说当然不错，也值得称道。但是，纵观当下之现状深想一下，此高论就显得肤浅而不对症。呼吁所有公众减少暴戾之气是放之四海而皆准的，问题是没有找准点、找到位，用时下流行的官话就是重点不突出，难点未显现。

王旭明
语文出版社社长，曾任教育部新闻发言人。

当前中国社会谁或什么人最有暴戾气？主要是官员、执法人员和各种所谓成功人士三类人，这三类人减少了暴戾之气，那么暴戾人群、暴戾事件自然会减少许多。

第一种人：官员。

官员是行政主体，是国家政权和国家意志的体现者。官员不仅因为有权有势成为社会中所谓强者，而且因为我们国家特殊的行政力量的巨大作用，使其成为社会的风向标和导航仪。因此，官员身上的暴戾气之多少，直接影响公众、影响社会。

不断曝光的各级各类官员面对公众和媒体行为之粗暴、态度之野蛮常常令人发指。一些官员随口冒出的雷语，譬如“老百姓要公平就是臭不要脸”、“就是让老百姓喝西北风”、“我是不是上厕所也要告诉你”等等；不少官员对群众反映的问题不处理，记者报道的负面新闻不回应，自身发生的问题不检讨，能躲就躲，能装就装，能藏就藏；甚至于武汉某市政法委书记挥拳打收费员，等等。打人的、骂人的、说雷语的与漠视大众的官员，都是其暴戾之气的不同显现方式，都是引发或萌发大众暴戾气的导火索和引燃器。

打人的、骂人的、说雷语的与漠视大众的官员，都是其暴戾之气的不同显现方式，都是引发或萌发大众暴戾气的导火索和引燃器。

让官员心里想着群众，嘴上能够容得下群众，做事能够为着群众，这正是大量减少官员暴戾气的一个方面。毫无疑问，严重脱离人民群众、与人民群众对立，是当前中国社会最该改的暴戾气。同样，大吃大喝、讲排场、搞形式主义以及行政不作为，同样是暴戾之气的表现，而贪污腐败则是最大的暴戾，是要靠党纪国法严惩来制止的。一句话，当下中国官员必须减少、乃至消除暴戾气。

第二种人：执法人员。

执法人员身上的暴戾气，城管可为代表。从延安城管跳踩商户头，到临武瓜农被打之死，无不与城市管理者的野蛮、粗暴之戾气相关。打开百度新闻搜索城管一词，映入眼帘的城管暴力执法新闻不一而足。如今，城管已经和暴力执法、野蛮执法和各种冲突紧紧联系在了一起，城管执法之暴戾气已经成为众多执法者暴戾气的代表、缩影和集大成。

当暴戾加上暴力，当暴戾辅之以暴力，暴戾之气就转变成一种强大的破坏力，摧毁公务人员形象，摧毁城市文明，摧毁人的美好之梦。当下各种各样的执法者中，对群众冷若冰霜、粗暴执法、不公处置时有发生，民众期望通过党的群众路线教育实践活动，变暴戾气为温存心，变颐指气使为循循善诱和文明执法。

第三种人：各种所谓成功人士。

各类文体明星、娱乐明星、企业明星、电视教授以及像王林这样的莫名其妙的得势者等，以成功者的身份出现在社会上，身上显示的暴戾之气直接影响到社会风气与社会和谐。李××的恶性犯罪，其母亲为犯罪者进行开脱的态度或曰暴戾气在社会上影响甚坏；在微博上狂言“我要炸建委”的女歌手，同样也有遮掩不住的暴戾之气。动辄就骂人、动辄就发飙、动辄就指责和命令是名人身上暴戾之气的典型显现。

第三种人中，包括不少当下名噪一时的专家学者教授。他们最有教养、学养和修养，本来应该是虚怀若谷、温文尔雅、落落大方、和蔼可亲之人，却不知哪来的火气，动辄发飙直至动拳脚或冷暴力，如此粗暴强硬无礼态，哪还有一点学者的样儿？暴戾之气达到何等地步。

官员、执法者和所谓各类成功者，或拥有决策权力和行政权力，或因为社会的溺爱而恣意滥权，对社会造成极坏影响。这些人在政治上有权或有名；在经济上有钱且风光；在舆论上掌握话语权，暴戾之气危害更大。有评论者认为，慎用刺激性话语社会戾气会少一大半，这是不能同意的。稍微对中国社会有些深入观察，都会认为如果上述这三种人减少了暴戾气，中国社会戾气会少一大半。试想，官员都科学、公正且为民决策，执法者都公正文明、尽心尽责执法，所谓成功者不再那么乖戾，社会恶性案件一定会少许多。

浑身戾气的精英，加上充满戾气的大众，对社会是一场灾难。在充满戾气的大众与精英中，起主要的、决定性作用与影响的一定是精英，一定是官员、执法者和成功者。我们的社会若想避免灾难，走向和谐，这三种人必须减少暴戾气，必须受到制度和纪律的严管与约束。

治疗“社会戾气病”需要“多味复方药”

王　聪

核心提示

祛除社会戾气，严打只是治标。营造社会公平，疏通诉求渠道，培育社会文明，才是治根的“复方药”。

我们的社会似乎患上了严重的“戾气病”。在这种浮躁、焦虑、不淡定的社会暴戾之气笼罩之下，各种个人极端暴力犯罪多发，给公众心理、社会安全和稳定都带来了极大的负面影响。

要有效治理“社会戾气病”，必须找准病因，对症下药。我们不能仅从道德层面对这些充满暴戾之气的个人极端行为进行谴责，因为现实的逻辑要比道德谴责复杂许多。观察近期一些个人极端暴力事件不难发现，这些人中有很多是生活在社会底层的普通人，在社会生活中遭遇过挫折、不幸、不公、无助而无处倾诉发泄，在个人冲动、易怒、绝望心理的驱使下，行为人很容易在某些公共场合实施极端暴力行为进行报复泄愤。

“社会戾气病”是由多种因素造成的，必须高度重视，综合施治。为此，需要为“社会戾气病”开一服复方药，既要治标“降虚火”，更要治本“补元气”。作为治标之策，就是要用法律重拳出击，依法惩治个人极端暴力犯罪，维护社会秩序和公共安全。然而，治标之策虽在短期内见效快，却无法长效持久。要从根本上化解社会戾气，需要针对问题根源，寻找治本之策，为社会输送充满正能量的“元气”。

王　聪
湖南省长沙市中级人民法院执行人员。

首先，需要将“以权利公平、机会公平、规则公平为主要内容的社会公平保障体系”落到实处，通过合理的社会资源配置机制，真正改善底层民众的生存环境，为社会各阶层提供一个充满向上流动机会和希望的制度空间。

唯有权利救济渠道通畅，民众才会守法、用法，运用法治思维和法治方式解决问题。

其次，需要健全公力救济机制，为公民提供畅通的救济渠道，尤其要提高司法公信力，保障司法机关能够独立、公正、高效、权威地“为所有人输送正义”。事实证明，当群众的利益诉求得不到解决、当不满情绪找不到宣泄处时，小到大闹街头，大到报复社会的仇视心理便由此衍生。唯有权利救济渠道通畅，民众才会守法、用法，运用法治思维和法治方式解决问题。

再次，需要培育理性平和、宽容讲理的社会心态和文明秩序，“以牙还牙、以眼还眼”的睚眦必报无法从根本上解决问题，在社会公共生活中，真正敞开的、理性平和的民主协商是释放民众不满情绪的重要通道，在平和的讨论与协商中，民众会逐渐养成“说理”的习惯，在一个讲道理的社会，暴力就失去了存在空间；在一个习惯说理的社会，宽容与克制往往会内化为人们的美德，使人们不轻易愤怒。

化解社会戾气，消除社会焦虑，培育健康社会心态，需要的就是一个公平正义、民主法治、和而不同的社会环境。

社会不是管得太严而是太松

王小东

核心提示

由于人们对过去的严苛管理极度反感，社会心理出现矫枉过正。社会舆论过于轻易地、一边倒地同情那些违规者，哪怕他们是罪犯。矫枉过正一段时间我们可以理解，但是，矫枉过正到一定程度，就该往另一个方向改变了。

最近经常见诸媒体的恶性治安事件，让我们的安全感在血淋淋的事实中被降低。

即使是在北京，仍能看到禁养的大型犬不但堂而皇之地存在，而且还经常不拴狗链，大摇大摆地在街头溜达，让人惊恐不已。一些人敢于公然挑战执法人员，不接受正常的社会管理。甚至在学术理论界，明显的学术行为不端——抄袭，不负责任地造谣传谣，信口开河等，也都是大事化小，小事化了，受惩罚的不是行为不端的人，较真的人反而被认为在“整人”。这些事让我们不得不想一下，我们的社会管理是不是太松了。

今天的社会管理过于松垮，这是有历史原因的。在中国的当代史上，确实有过很长一段时间，政治控制、社会管理都过于严苛。在一些完全属于私人领域，不妨碍任何他人，不妨碍社会的方面，人们也是动辄得咎，甚至有可能遭受相当严厉的惩罚。改革开放以后，中国政治和社会环境的自由度大大增加，这无疑是中国一个相当重要的进步。

王小东
中国青少年研究中心学者，出版著作《中国不高兴》。

然而，由于人们对过去的严苛管理极度反感，社会心理出现矫枉过正。社会舆论过于轻易地、一边倒地同情那些违规者，甚至还有人把杀死多人的罪大恶极之徒奉为“大侠”、“英雄”，一波波地造势支持他们，美化他们。对于维护社会秩序的人们，则苛责、嘲笑、辱骂，甚至在他们因公殉职的时候百般侮辱。

有限的矫枉过正，多少可以让人理解。但是，矫枉过正到一定程度，就该往另一个方向改变了。人们应该明白，你今天嘲笑、反对必要的社会管理，为那些违规者，甚至罪犯叫好，明天，你成为下一个受害者的概率就会提高。我们的政府、社会管理人员也应该明白，你今天少作为，不作为，明天，出事多了，你会加倍挨骂，会为出了问题的社会秩序加倍埋单。

名家观点 ▍Experts' viewpoints

曾　颖　媒体评论员

弥漫的"斗争"气息制造了社会戾气环境

孩子们从小就接受"不输在起跑线上"这种暗示着人生是一场血腥战斗的教育，心灵鸡汤的调配者们兜售"撒切尔夫人少年时代在外打架，打不赢父亲不许回家"的励志故事，赚了几个钱的商人疯狂炫耀"狼性哲学"，精致的利己主义者们卖弄"社会达尔文主义"，都在将社会推向一个适者生存，赢家通吃的境地，弥漫"后退半步即是输"的斗争气息。传统意义上的"退后一步自然宽"的恕道与谦让，以及满怀宗教情怀的忍让与止争，则被当成不合时宜的落伍。

于建嵘　中国社会科学院农村发展研究所教授

规则失效是暴力的孽源

今天中国社会最新的变化，就是社会结构的失衡、人们心理的失衡进一步加深，刺激到人们在行为和心态上，产生了严重问题，做事越来越不计后果。当然，利益失衡还能有一些补偿机制，一旦规则失效，就更难办了。规则失效，我们会退到什么地方？那就和丛林状态差不多，谁拳头硬，谁说了算，暴力法则就应运而生。暴力是人类和人类社会的一个基因，只不过依赖规则的进化，暴力"潜伏"了下来。一旦规则失效，它就会开始复活。

何怀宏　北京大学哲学系教授

要防控社会道德“破产”

道德建设的初始力量，其实正是从人们对道德状况的不满和不安中表现出来的。这种不满和不安是因为人们的“良心”说了话，即便暂时还不能做到完全遵循良心而行动，但人们已经意识到这样的状态不是很好。无论一个社会还是一个人，如果仅仅有很多钱，声色犬马，却依然可以维系下去，那是因为有前人或他人积累的伦理资源。一旦人人都只是使用这种公共资源而不补充，让它持续亏空，就可能会有社会道德“破产”的一天。

黄　琰　知名媒体人

你是什么，中国便是什么

每一个具体的人是怎样，这个社会便是怎样。

现在的问题是，大家好像都在抱怨社会。其实，每个人都身处社会之中，每一个人都要为社会负责。如果大家都只是随意责问“这个社会是怎么了”，这个社会必然只能继续糟糕地变狠下去。我们应该“重新发现个人”，因为社会更是由人组成的，每一个具体的人是怎样，这个社会便是怎样。

“没有人是孤岛，每个人都是乘客”，只有更多的人能够以更好的公共德行来面对他人与社会，一个“好的生活”才能得以开始与持续。每个人都应该坚守自己内心的那道戒律，将自己从“人性的黑暗”中解放出来，“积极生活”。正像学者崔卫平所说：“你所在的地方正是你的中国。你是什么，中国便是什么。你怎样，中国便怎样。你光明，中国便不黑暗。”

关注“公众心理健康”

04

KEEPING THE MINUTES OF CHINA WITH THOUGHTS

主题 | Key Articles

权益之外的社会风险代价

乔新生

核心提示

在一个文明的社会，我们不能因为怀疑他人的精神存在障碍，而对其采取强制措施，否则每个人都有“被精神病”的危险。这是一个十分无奈的选择，但这是一个文明的选择。

精神卫生法的颁布实施，为精神病患者撑起了一个保护伞。可是，残酷的现实仍然让人心惊胆战。那些独自走出家门，游荡在社会的精神病患者，不仅危及自己的安全，同时也危及他人的安全。

现行法律对于精神病患者危害他人行为的处置主体规定得不可谓不详细，可是，在现实生活中，正因为是疑似精神病患者，所以，法律上所罗列的责任主体似乎都无法行使自己的权利或者履行自己的义务。这既是一个法律上的悖论，同时也是精神病患者保护方面存在的深层次哲学命题。

乔新生
中南财经政法大学教授，中南财经政法大学社会发展研究中心主任，关注研究转型期制度变迁与人权保护的关系问题。

可以这样说，立法机关在制定有关法律规范的时候，似乎已经陷入两难的境地：如果实行强制性的诊断，那么，有可能会导致公民的权利受到损害；可是，如果不进行强制性的诊断，那么，有可能让精神病患者危害他人的人身安全。

世界各国在立法的过程中都面临类似的困境。我们不能因为精神病患者可能会对社会或者他人造成危害，而对其进行强制性的诊断，但是，法律所规定的有义务对疑似精神病患者进行处置的机关，似乎又很难对自己的判断承担责任。不论是疑似精神病患者的近亲属，还是其所在单位、当地公安机关都没有法定的精神病患者诊断资格，在是否应当将其送往医疗机构进行精神障碍诊断的问题上，法律似乎变得模糊不清。

那些表面上看起来文质彬彬的精神病患者，或许会突然发难；而那些表面上看起来狂躁不堪的精神病患者，或许会相对安全。法律所使用的“疑似”概念，实际上是一个假设性的概念，而恰恰是这个假设性的概念，让法律上的责任主体陷入两难。在现实生活中，无论是精神病患者所在的单位还是公安机关，都可以把那些危害他人安全的精神病患者送往医疗机构诊断。可是，对那些有“危害他人安全的危险的”疑似精神病患者，是否负有送往医疗机构进行精神障碍诊断的责任，的确很难作出决断。

坦率地说，只有精神病患者实施危害他人的行为，才能通过其行为对其精神病患作出判断。如果只是存在“危险”，而这种危险普通人根本无从判断，那么，要想从根本上保护他人的安全似乎很难。

可以这样说，精神卫生法从保护精神病患者的基本权利着手，设置了一系列前提条件，防止某些部门或者个人将疑似精神病患者强制送往医疗机构进行精神障碍诊断。可恰恰是这种立法导向，让社会存在一定的潜在危险。不能因为疑似精神病患者可能会让他人的安全受到损害，而对其实施强制措施。

事实上，我们应该引入心理辅导机制，通过心理医生的辅助性观察和辅导，从而使那些疑似精神病患者被及早发现。可以设想，如果精神病患者被发现以后，及时送往专业的医疗机构进行精神障碍诊断，那么，有可能会避免很多精神病患者伤害案件。但是，精神辅导同样是一种自愿性的行为，不能因为怀疑他人为精神病患者，而强制其接受心理辅导，更不能直接将其送往医疗机构进行精神障碍诊断。在这个问题上世界各国的立法者似乎多少有些束手无策。

我们是否可以这样认为，让那些疑似精神病患者游走在大街上，是这个社会必须承受的风险。不能因为疑似精神病患者可能会给他人造成伤害，而剥夺他们自行选择的权利，不能因为社会上曾经出现过伤害案件，而进一步强化公安机关或者疑似精神病患者近亲属的责任，限制疑似精神病患者的活动空间。

其实，“疑似精神病患者”这个概念本身就存在着多种可能性。只有当精神病患者作出伤害他人的行为之后，我们才能根据其行为对其是否存在精神障碍作出判断。当损害行为尚未发生时，我们可以巧妙地避开，但是，我们不能对其采取强制措施，因为在一个文明的社会，我们不能因为怀疑他人的精神存在障碍，而限制其活动空间。这是一个十分无奈的选择，但这是一个文明的选择。我们不愿意看到精神病患者伤害他人的悲剧发生，但是，在现代文明社会，我们只能被动地做好防范。

平安中国不能忽视公众心理建设

烨　泉

核心提示

公众心理建设需要媒体引导，让积极健康的社会文化成为主流，还需要政府要把公众心理干预作为社会公共治理的一部分，强化基层组织对社区居民的心理干预能力。

烨　泉
知名媒体人，《法制日报》评论员。

从朝阳大悦城到马连道家乐福，北京的社会治安似乎正频频受到精神病人的挑战。精神病人伤人的特点是针对不特定对象突然发起暴力攻击，这种暴力行为给社会安全和社会心理造成的损害巨大，而且难以预防。

其实不仅仅是精神病人，各种心理异常者都有可能会对社会实施类似的犯罪行为。无论是厦门公交车纵火案，还是北京广渠门暴力伤人案，从广义上说都可以归入心理异常者实施的犯罪行为之列。预防和减少这类案件的发生，不仅是中国的，也是世界性的难题。美国接连不断发生的校园枪击案，挪威造成98人惨死的布莱维克枪击案，都是这类案件的典型，似乎每个国家都要为社会心理付出公共安全的代价。

客观地说，随着中国社会现代化、城镇化进程不断加快，人们的心理问题会越来越突出，此类案件也不可避免地会呈现出高发多发的态势。除去世界各国共性的现代化危机给人心理造成影响外，中国作为一个经济社会高速发展的现代化国家，其发展速度已远远超过了人的心理适应能力。紧张感、压迫感、疏离感、失落感、不公平感以及被抛弃、被边缘化的恐惧感，都会给人的心理健康造成严重危害。这种隐性的危害通过人的行为表现出来，可能就是各种或大或小、或常规或极端的公共安全问题。

从当前全国各地频发多发的治安案件和公共安全事件来看，由于公众心理健康问题而产生的治安和安全事件，有产生示范效应或集中爆发的倾向。所以，平安中国建设不能忽视公众心理建设，要在对社会心理深入研究的基础上，分层级、有步骤地展开。

首先，要让积极健康的社会文化成为主流，新闻媒体尤其是网络媒体要勇于承担社会责任。在网络日益成为现代社会人际交流和人们了解、感知外部世界主渠道的当下，网络有义务唱响主旋律，为人们创造一个积极乐观、健康向上的文化环境。毋庸讳言，当前的网络环境与我们所期待的积极健康相去甚远，网络上仇恨、暴力、怀疑、低俗等情绪泛滥。在没有惊人之语就没有“传播力”的网络规则下，毁“三观”成了在网络上搏出位的不二法门，长期浸淫在这样不正常环境下，很难保证人的精神和思维不出问题，很难保证社会中那些心理脆弱者不受到各种极端和不良情绪的暗示。

长期浸淫在不正常网络环境下，很难保证人的精神和思维不出问题，很难保证社会中那些心理脆弱者不受到各种极端和不良情绪的暗示。

其次，政府要把公众心理干预作为社会公共治理的一部分，强化基层组织对社区居民的心理干预能力，通过政府购买公共服务和志愿服务的方式，增加基层组织对社区居民的心理健康服务力量。一方面要了解和掌握社区居民的心理状态，对那些心理出现异常的居民既要掌握情况，又要及时进行疏导和干预；另一方面对那些精神病患者和曾经的精神病患者，也要及时了解病情，及时采取合理的措施。

同时，在基层组织对社区居民心理和精神健康足够了解，充分掌握的基础上，各级政府部门也要积极作为，根据我国的精神卫生法，对那些“已经发生危害他人安全的行为，或者有危害他人安全的危险的”精神病人敦促监护人及时送医，在监护人不能履行监护义务的情况下，依法强制送医，减少和杜绝精神病人危害公共安全事件的发生，从而织起一张严密的公众心理健康之网，筑起社会转型期社会心理安全的屏障。

延伸 | Extended readings

精神病人犯罪带给我们的真正痛感

傅达林

核心提示

犯罪主体的意志力缺损，使得原本成立的犯罪难以入刑，无辜者由此平白遭受人身乃至生命伤害，在实施犯罪的精神病人权益和受害人权益那里，两头都面临着正义的流失。

正义的实现，要求犯罪行为得到刑责的追究。精神病人犯罪引起公众思考的首要问题在于：这些行为能力不健全的精神病人犯罪，究竟要不要承担刑责？如果他（她）不承担刑责，那么受害人的正义救赎又该如何实现？

在法律上，刑事责任的承担，须以行为人的行为能力为前提，而精神病人恰恰在行为能力上存在缺陷，他们或是完全无行为能力者，或是部分丧失行为能力者。由于精神上的认知障碍，导致了法律上的行为能力和责任能力缺失，由此给犯罪的追究带来阻却因素。

但是，根据我国刑法规定，并非所有的精神病人犯罪都不承担刑事责任，司法判断的标准在于其犯罪之时是否为发病状态。对于严重的精神病患者，因长期处于不能辨认或者不能控制自己行为的状态，其犯罪无法承担刑责；但间歇性精神病人在法律上不是完全无行为能力者，其在精神正常期间的行为需要由自己承担法律责任。也就是说，如果精神病人犯罪时并非精神病发作期，那么其不能逃脱法律的

傅达林
解放军西安政治学院军事法学系理论军法教研室副主任。

制裁。

法理上对精神病人犯罪的责任区分比较简单，但司法实践中却面临诸多变数。例如，刑法规定，“尚未完全丧失辨认或者控制自己行为能力的精神病人犯罪的，应当负刑事责任，但是可以从轻或者减轻处罚”。从条文来看，何谓“尚未完全丧失”，有赖于医学技术的鉴定结果支撑，而在这种精神病鉴定过程中，则可能产生腐败风险和暗箱操作，国内外以精神病杀人而不负刑责成功脱罪的案例并不鲜见。“可以从轻或者减轻处罚”赋予了法官较大的自由裁量权，适用不当，也可能带来精神病人犯罪悉数免责的不良社会效应。可见，司法对精神病人犯罪展开客观而符合立法目的的追诉，乃是实现正义归复的第一步。

与准确界定精神病人的刑责相比，监护人的法律责任更为重要。立法设定监护人制度的目的，一为保护被监护人的权利，一为防范被监护人伤害其他人。而现实中精神病人犯罪，大多与监护人履职尽责不力相关。根据目前的立法安排，监护人只对精神病人造成他人伤亡承担民事责任，无需承担刑事责任。对于不负刑事责任的精神病人，监护人虽负有严加看管和送医的法定义务，但在现实中，对精神病人的监护落实并不到位，监护人对精神病人往往疏于管制和监护，致使悲剧一再发生。

因此，在全社会唤醒监护人对精神病人的监护职责，乃是避免此类犯罪的重要方法之一。而对于明知具有暴力倾向的精神病人还依然放任不管，监护人是否需要承担行政法律责任或刑责，可以展开立法论证，以尽快完善精神病人监护人的法律责任制度，加强其对精神病人看管的责任心。

出现精神病人犯罪，不单是其本人和监护人那里出了问题，同时也意味着社会公共秩序的安全链条中存在纰漏，意味着我们的公共安全管理还有薄弱环节。因此，我们还应当将精神病人犯罪纳入社会视野，作为一种社会弊病予以诊治。

根据法律规定，除了监护人，类似居委会、社区、街道办等离百姓最近的基层组织，也有监管精神病人的相应责任。在实践中，这些基层组织是否有效地监管了辖区内的精神病人呢？其监管不力的具体法律责任又从何体现？对于无刑事责任能力的精神病人，刑法还规定“必要时也可以由政府强制医疗”。那么，在诸多精神病人犯罪案件中，是否存在相关部门的失职呢？如果缺乏足够的法律责任捆绑，势必让法律为这些部门和组织设定的义务轮空，而一旦让精神病人随意在社会上自由活动，无疑大大增加了其犯罪的风险。

总之，在法治社会，精神病人犯罪带给我们的真正痛感在于：犯罪主体的意志力缺损，使得原本成立的犯罪难以入刑，无辜者由此平白遭受人身乃至生命伤害，在实施犯罪的精神病人权益和受害人权益那里，两头都面临着正义的流失。所以，讨论精神病人犯罪问题，最终目的不是争辩法律责任如何分担，而是通过法律责任的确定与完善，在重塑精神病人犯罪案件中正义天平的同时，尽量避免此类犯罪的再度发生。

精神病患者违法的刑责界定

何　恬

核心提示

“精神病”并非“杀人执照”，不论是我国法律还是国外法律，对于精神病人犯罪的刑责界定都有严格的要求。

何　恬
西南政法大学刑事侦查学院教授，硕士生导师，司法精神医学家。

近年来，涉及精神病患者的暴力事件呈现出频发趋势，数据居高不下。在精神疾病患者中，有肇事肇祸行为及危险的重性精神病患者，由于缺乏一套规范、连续的治疗和管理体系，相当一部分重性精神病患者“散落民间”，他们中的一些人可能成为社会公共安全的潜在危害者。

相比其他的犯罪案件，从已发生的精神病患暴力事件可以看出，其发生和发展具有一些共同特征和特殊性：一方面是案发的突发性，那些骇人听闻的案件多数发生在学校、公路、旅游景区等人数众多的公共场所，多数为事前无先兆案件；另一方面的特点是案件中受害对象往往数量众多，大多数为恶性伤人案件，很多侵害不指向特定人。

在我国法律体系中，针对精神病人造成的恶性事件，主要的法律规定是《刑法》第18条关于特殊人员的刑事责任能力的表述。该条法律规定，精神病人在不能辨认或者不能控制自己行为的时候造成危害结果，经法定程序鉴定确认的，不负刑事责任，但是应当责令他的家属或者监护人严加看管和医疗；在必要的时候，由政府强制医疗。

对于间歇性的精神病人在精神正常的时候犯罪，应当负刑事责任，这样的类似规定仅见于前苏联的《刑法》和我国的现行《刑法》，此款的欠妥之处在于画蛇添足，还容易导致人们产生如下的误解：精神病人在发病期间犯法，要减免刑事责任，只有精神病人在不发病的时候犯罪，才承担刑事责任。其实，我们现行的《刑法》规定得很明确，对这类发病期的精神病人，只要具备辨认能力和控制能力，仍然要承担相应的刑事责任，为发扬人道主义精神，这类病人因受审能力和服刑能力有缺损而享受到特殊的照顾。

对发病期的精神病人，只要具备辨认能力和控制能力，仍然要承担相应的刑事责任。

法律规定对于尚未完全丧失辨认或者控制自己行为能力的精神病人犯罪的，应当负刑事责任，但是可以从轻或者减轻处罚，请注意非“必减”，只是“可以”而已；又规定了醉酒的人犯罪，应当负刑事责任，但是在这条规定中未涵盖吸毒者在精神异常时犯法的问题，我认为是一大遗憾。在其他法制国家和地区，对这一条的规定范围用的是使用麻醉品的人犯罪，也就涵盖了酒精和毒品。

我国对精神病人的法律鉴定程序在《司法鉴定程序通则》《刑事诉讼法》《精神疾病司法鉴定暂行规定》中都有明确的规定。新的《刑事诉讼法》废除了“必须通过省级政府指定的精神病院鉴定的规定”，在《精神疾病司法鉴定暂行规定》中明确地将刑事责任能力的评定主体定位于司法精神医学鉴定人，而不是法官，也就是说患有精神病的犯罪嫌疑人是否被判有罪，是由司法精神医学鉴定人决定的。首先判明行为人是否存在某种法定的精神障碍，然后进一步判明行为人是否由于这种精神障碍而丧失了辨认和控制能力，前一个条件是医学要件，后一个条件是法学和精神医学的混合要件，缺一不可。只有满足“法律精神病”的病人，才能得到法庭的减免判决，即“有病无罪”、“有病减罪”。

对涉及精神病人的刑事案件，国外大多数法治国家建立了“无病推定”的原则，即“疑病从无”，要有足够的证据才能认定犯罪嫌疑人有精神病，以防装病成功。

在国外，刑事责任能力评定的主体是法官，不是司法精神医学鉴定人。他们原谅病人“犯罪”的原因不是他患病，而是精神病使他失去了自由意志，不能控制自己不去犯法。法官评定精神病人是否犯罪，是根据三原则来评定：精神医学和刑法学相结合，病情和案情相结合，疾病和症状相结合。

在判决中，国外对有辨认和控制能力的精神病人，可以判“有病也有罪”，此处的“病”是指医学上的精神病。

全社会都要负起监护责任

顾　骏

核心提示

精神病患者犯罪，多属无预谋、不确定对象，危害的是公共安全，因此照顾好精神病患者，利在社会，责也在社会。

顾　骏
上海大学教授，上海大学上海社会发展研究中心副主任，从事当代中国社会转型研究。

精神病患者持刀砍杀致无辜者死伤的事件接连发生，难免让人心生惶恐。公众心慌在于，许多精神病人所致的伤人案件，事先并无预兆，亦不知因何突然发病，让人防不胜防。北京市西城区人民检察院近4年受理的20件采取暴力方式犯罪的精神病人案件中，突发性的无预谋案件占到75%，精神病患者有预谋犯罪的案件只占25%。

主管部门和路人不知如何防范，那么，精神病患者的家属长期与之共处，能否加以预先防范呢？理论上可以，但实际上亦有难度。这或者是因为，患者病情多年未曾复发，家人容易心生懈怠，一时疏于照看也是正常的；或者因为长期治疗和照顾的负担沉重，虽然发现复发迹象，也力不从心，一时不备，患者已酿成大错。

当然，如此解读精神病患者伤人事件，并非要替家属开脱。从法律上说，不具有完全民事行为能力的精神病患者需要监护人，如果因为监护不到位，精神病患者作出伤害他人的行为，监护人必须承担相应的法律责任，这是毫无疑问的。这里只想指出一点，即法律责任固然明确，但任何追责充其量只是事后弥补，伤害或者损失已经造成，有些永远不可能挽回；有些虽有可能挽回，但因长期为精神病患者所拖累，监护人家境贫寒，也无力给受害者以足够赔偿。所以，无论从防范精神病患者恶性行为的发生，还是从一旦发生如何弥补受害者的角度来说，在强调监护人责任之外，全社会不能不为所有精神病患者筑起一张保障之网。

> 无论从防范精神病患者恶性行为的发生，还是从一旦发生如何弥补受害者的角度来说，在强调监护人责任之外，全社会不能不为所有精神病患者筑起一张保障之网。

我国已将精神病患者列入“残障”范围，给予一定的医疗和生活保障。但就实际落实情况来看，一些经济发展较好的地区做得比较到位，而经济发展状况不那么理想的地区则存在明显不足，不是覆盖不全，就是保障水平过低，“漏网而出”的患者不少。加上改革开放以来，人口流动频繁，外来人员进入城市之后，当地的社会保障基本上都未能有效覆盖之。近数月在北京接连发生的几起精神病患者伤人事件，当事精神病患者就有在京外地人。如果说，其他方面的市民待遇尚难以全面覆盖非户籍人员，那么至少对精神病患者等可能造成社会危害但又追责乏力的人员，应该考虑将社会保障之网及时扩展，既照顾到这部分弱势人员及其家庭，也为无辜的市民筑起一道安全屏障。

当然，社会保障方面的任何增加都会加重城市的福利负担，甚至有可能导致更多患者及其家庭进入大城市的“拉力”，但我们首先需要考虑的应该是如何找到平衡点，而不是一味计较救济精神病患者成本高，还是补偿无辜受害者成本高，因为精神病患者频繁伤人最后不仅危及个人，还会对公共秩序造成不可挽回的损失。城市主政者对此不可不深远思之。

政府主导的社会保障之网既不可能无所遗漏，又容易产生副作用，所以，在充分发挥这张网的托底功能之外，还必须动员社会力量，一则为精神病患者“拾遗补缺”，二则不使其形成稳定的“进城期待”。在这方面，社区可以发挥更多的作用，比如为社区范围内所有精神病患者建立家庭档案，社区医生通过定时家访，掌握患者的病情演进状况，督促其正常服药，避免复发。

还有，通过扶贫帮困机制，舒缓精神病患者家属的经济困难，提振他们生活信心，使他们在照看和治疗病人方面有更多的心思和精力投入，也是非常重要的举措。家人对病人的尽心，也是对社会的尽责，理当获得社区的支持和扶助。

从专业角度来看，还有一支力量可以发挥重要作用，那就是具有医学背景的志愿者，特别是相应的机构。服务和资助精神病患者及其家庭不仅具有慈善的性质，还具有公益的性质，应该成为志愿者和公益机构的重点关注所在。现在不少机构在开展帮助自闭症儿童的项目，这是完全应该，也是十分必要的。但在公益性资源总体上有限的情况下，无论从对病人的医学干预之效果，还是从减轻恶性事件对公共利益之损害来看，精神病患者得到同样甚至更多的关注和照顾，也是合情合理的。

在30多年经济繁荣、政府财税增收、社会组织发育和公益事业发展的基础上，今天中国完全有能力给予各种类型的弱势人员，尤其是精神病患者，以更好的医疗和照顾。这件事情做好了，受惠的不仅有病人及其家人，还有健全人和整个城市。

名家观点 | Experts' viewpoints

马未都 观复博物馆馆长

社会环境依赖于每个人的精神卫生

狂躁妄想型的精神病患者，如不及时获得医治救助，对社会的危害显而易见。频发的社会事故实际上在向我们敲响警钟，一个民族的精神世界虽不是靠一个人体现的，但每个人的精神都是整个社会的构成，我们的社会环境需要优化，在注重治疗精神病患者的同时，更加注重我们自己的精神卫生。

郭昌盛 媒体评论员

对精神病的四个“认识不足”

一是认为精神病只是医疗卫生范畴，与社会治安没有关系；

二是认为精神病发病数量少，根本没有意识到我国目前对社会治安构成严重威胁的精神病人高达150万人；

三是意识不到精神病人发病时肇事肇祸的严重性；

四是不了解对这类精神病人的管治政策。

张 恒 媒体评论员

精神病患者缺乏回归社会之路

被拒于医疗机构门外的精神病患者，也同时被社会拒绝。在精神病院缺乏和错位的显性问题之下，这一现象被长期遮蔽，以至于许多精神病患者被医疗机构拒绝，或者从医疗机构走出之后，却被流放于社会之外。一个“精神病”的标签，或者让其他人产生担心他们会突然暴力相向的恐惧，或者引来人们的嘲笑甚至侮辱。看似精神病院与社会只隔着一道墙，但病患们回归社会的路，却遥远而漫长。

Culture 文化

主题主编 陈新华 王瑜

寻找失落的信仰

坚守社会的“底线伦理”

寻找失落的信仰

01

KEEPING THE MINUTES OF CHINA WITH THOUGHTS

主题

延伸

名家观点

主题 | Key Articles

当前信仰失重和价值观紊乱的根源

公方彬

核心提示

中华民族并没有整体的宗教信仰，而是一个极重精神权威、重道德的民族，但为什么出现了严重的道德缺失？关键之一是当前还没有完全形成一种全民族秉承的永恒不变的精神支撑，没有形成自己的核心价值观。核心价值观的形成和确立，保证了大众拥有一个共同的约定，引导单个的人不因思想误区而背离社会和历史总趋向，社会才能实现真正的和谐发展。

前几年，一家媒体曾对北京几所著名高校的学生进行相关问题的问卷调查，93%的人认为自己没有信仰。一段时间以来，许多人在“远离崇高”的价值取向下，到虚拟的网络世界里一任情感放纵，甚至把那些原本矗立于我们心中的精神雕像拿出来揉碾，似乎非此不足以发现自我。在我们畅快于“我骂你了，怎么着”时，在欢呼平民时代来临之时，却发现，由于价值观出现紊乱，精神领域失去了厚重和崇高感，失去值得仰视的东西，心理出现了扭曲。

层出不穷的失去道德底线的事件，凸显着现实社会的信仰失重、行为失规、道德失范、心理失衡，根源在于失去了方向感，不知道什么是我们的价值追求，精神找不到归宿。

讲到信仰，有人作出一个痛苦的判断：中国人缺少信仰。这个判断有一定道理。相比较西方社会，我们不属于拥有宗教信仰传统的民

公方彬
国防大学军队政治工作教研室副主任、教授，出版著作《觉悟中国》《精神中国》《价值中国》和《决策中国》等。

族。诗人但丁讲过，西方有两个太阳，一个是政权，另一个是神权。西方文明有两个基本的源头，一个是古希腊文明，另一个是基督教文化。这都说明西方的宗教传统很深厚。相对而言，中华民族并没有整体的宗教信仰。以佛教为例，我国历史上曾出现过“三武一宗”灭佛，即北魏太武帝、北周武帝、唐武宗和后周世宗的灭佛。再加上我们的宗教信仰中对灵魂的关照不够，更多的是满足于现实功利，所以在支持大众的道德行为与精神追求方面也不够理想。

西方文明有两个基本的源头，一个是古希腊文明，另一个是基督教文化。这都说明西方的宗教传统很深厚。相对而言，我们不属于拥有宗教信仰传统的民族。

应当说中华民族是一个极重道德的民族，新中国成立后，我们又特别重视政治思想教育。但一个重道德的民族，为什么出现了严重的道德缺失？如何才能走出误区？

关键之一是当前还没有完全形成一种全民族秉承的永恒不变的精神支撑，没有形成自己的核心价值观。

中华民族还是一个重精神权威的民族，自孔孟思想成为社会的主流价值观，便形成了以构筑皇权为核心，以等级秩序为特征、并且与政治和社会特征相适应、维系封建统治两千余年的核心价值体系。

一般来说，社会的进步是建立在打破旧事物基础上的，正所谓不破不立，尤其是随着人类文明的演进，许多建立于农业文明或者封建体制基础上的精神权威必须打破，这符合历史发展的潮流。儒家文化虽然博大精深，但这种产生于小农经济基础上的核心价值观和儒家文化，与今天进入工业文明、信息文明时代，知识经济主导社会的情况已经不相适应。囿于传统文化不进行突破，必然阻碍适应于今天的文化精神支柱的构建。

自辛亥革命开始，中国进入了打破精神权威的轮回，并且这个打破一直持续了一百多年。

自辛亥革命开始，中国进入了打破精神权威的轮回，并且这个打破一直持续了一百多年。新中国成立后，我们党的革命理论必然肩负起消除封建思想的重任。然而历经十年浩劫，破精神权威进入极端，在“斗争”的哲学下，人们对历史的敬畏没有了，对自然的敬畏没有了，甚至对生命的敬畏也没有……当固有的革命信仰和价值体系被一次次文化和政治运动所打破，当该打破的和不该打破的都被打破，新的价值体系尚未建立起来时，我们的精神世界必然出现紊乱和碰撞，甚至是虚无，反映在社会行为上即是短期行为、急功近利、媚俗与感官刺激。

在打破什么，如何打破，是打破腐朽，还是打破一切，这中间存在着巨大的差异。以对文化古迹的保护为例，为什么要付出很大的代价去保护断壁残垣？拆除旧的建设新的不是更好吗？不能！因为切断血脉，人的心理无法承受；因为模仿的结果只能使历史和文化失去根；失去有形的载体，人们的精神和灵魂便失去寄托，矛盾和问题便不断产生出来，社会无以实现和谐。所以，当该打破的和不该打破的都打破了后，我们的心灵便不可避免地化作一叶失去压舱石的扁舟，漂浮于暗流涌动的大海上，自己亦不知还能走出多远。这就是我们今天为什么出现信仰缺失、道德滑坡，精神世界紊乱的主要原因之一。

在打破什么，如何打破，是打破腐朽，还是打破一切，这中间存在着巨大的差异。

核心价值观是一个民族、一个集团或单个人长期秉承的一整套根本原则。它从深层次稳定而又恒久地影响着个体或群体的思想观念与价值取向。没有以核心价值为骨干的精神大厦，大众的精神便会失去依归，社会就无以实现和谐。当一种最根本的价值体系确立起来后，全社会共同遵循的约定才会形成，大众的价值取向和行为准则才拥有了坐标。

核心价值观是一个民族、一个集团或单个人长期秉承的一整套根本原则。它从深层次稳定而又恒久地影响着个体或群体的思想观念与价值取向。

当今社会已经进入多元价值观并存的时代，这是我们社会的一大进步。但一个社会要保证和谐，并不仅仅体现于对多元价值观的宽容，强调核心价值观也并不意味着消除其他价值观。正由于处于多元价值观并存的时代，决定了我们需要确立核心价值。倘若大众对国家和社会的认同程度，及其对未来的期待与追求目标差异过大，那么这种多元就可能会带来紊乱和无序，更无以实现社会的和谐，甚至不能实现人与自然的和谐。只有确立科学而又稳定的核心价值观，才能避免因多元相互冲撞而导致精神世界的紊乱，才能在多元价值观中塑造主流精神。或者说，核心价值观的形成和确立，保证了大众拥有一个共同的约定，引导单个的人不因思想误区而背离社会和历史总趋向，社会才能实现真正的和谐发展。

让诚信成为普遍的道德信仰

魏长领

核心提示

诚信问题本质上是道德信仰问题，如果没有道德上“慎独”自律，外在的强制性约束就会被“上有政策下有对策”所瓦解。诚信价值的认同应该是建立在主体自觉基础上的主动认同，这一过程需要在一定社会外在客观环境和条件下进行的。在促进社会诚信建设的过程中，既要重视创造认同的外部条件、外部机制，又要重视主动认同或内在自觉认同。

魏长领
哲学博士，伦理学博士后，教授，郑州大学公共管理学院副院长。出版著作《道德信仰与自我超越》《中国传统道德与当代精神文明建设》等。

诚信缺失已成为社会生产和人民生活中的严重问题，无论是个人诚信缺失，还是企业诚信缺失、政府诚信缺失，都到了难以容忍的地步。就食品安全来说，伪劣假冒的陷阱随时随地可能吞没人的健康。为了金钱，一些人、一些企业视别人的生命如草芥。至于个人诚信和企业诚信的缺失，则已渗透到社会生活的方方面面，假话、假球、假药、假文凭、假广告、假证件、假发票、假彩票，恶意逃废银行债务、相互之间拖欠货款、合同违约严重，可谓不一而足。政府诚信同样缺失，主要表现为法治化程度低下，政策多变、随意性大、暗箱操作、弄虚作假、欺上瞒下等。

诚信缺失严重影响我国市场经济的健康运行，严重影响社会稳定。假冒伪劣、坑蒙拐骗，造成无数个人身心伤害，乃至多少家庭家破人亡；失信使经济秩序遭到严重破坏，广大消费者的生命安全和财产安全得不到保证，使得消费者对社会和政府失去信心信任，导致政府的公信力下降。失信行为得不到应有的惩罚，诚实守信的人就会吃亏，社会道德风险就会加大，导致社会道德水平滑坡。同时，诚信缺失也严重影响我国企业的国际竞争力和国家声誉。

诚信问题本质上是道德信仰问题

在一定程度上，社会诚信危机可以归结为信仰迷茫、精神迷失。从主体层面看，诚信问题本质上是道德信仰问题。如果不把诚信落实到人的道德自律、道德品质层面，不把诚信升华到人的信仰高度，它的根基是不会牢固的，因为任何外在法律法规、规章制度、纪律、准则都是有空可钻的。比如，我们关于食品安全的法律法规、规章制度其实不少，加大打击力度的声音也不绝于耳，毒奶粉、地沟油、口水油、苏丹红、瘦肉精、注水肉、牛肉膏、染色馒头、毒韭菜却照样层出不穷。可见，没有心中的道德信仰，筑不牢人们心中的道德防线，伪劣假冒、坑蒙拐骗就不会真正消失，只会不断翻新花样，对策多于政策，防不胜防。如果离开了人心中的诚信，没有道德上“慎独”自律，外在的强制性约束就会被“上有政策下有对策”所瓦解，就不能充分发挥作用。一旦逃避政治义务、法律义务而不会受到外在惩罚，就会有人置其于不顾，甚至为非法牟利没被惩罚而庆幸。

社会诚信危机可以归结为信仰迷茫、精神迷失。如果离开了人心中的诚信,没有道德上“慎独”自律,外在的强制性约束就会被“上有政策下有对策”所瓦解。

诚信缺失的原因是多方面的，包括历史的、现实的原因，经济的、社会的原因，体制的、管理教育的原因，外部环境的、个人自身的原因。而人生价值观扭曲及其与道德信仰之缺失是最深层的原因。很多诚信教育的理论缺乏信仰理论的支撑，因而显得过于外在和粗浅；很多外在的防范形同虚设。相反，如果使诚信成为人们普遍的道德信仰，诚信缺失问题何愁得不到解决？

社会诚信建设既要通过各种体制的、法律的、宣传教育的方式为社会诚信奠定外在条件，又要通过人生观、价值观、道德信仰的自觉，使每个社会公民能够守住自己的做人准则和道德底线，坚守心中的道德准律。构建、树立适应时代需要的道德信仰，作为一种精神支撑，将使人们的经济行为不再是迫于经济力量，彻底摆脱“经济动物”的地位，实现真正的自我超越，就不会因为利益的诱惑而放弃道德理想。

任何优良的社会规范包括道德规范，只要得不到人们的价值认同和遵守，都将会流于形式。

任何优良的社会规范包括道德规范，只要得不到人们的价值认同和遵守，都将会流于形式。在我国当前建设社会诚信的过程中，诚信价值的认同既不能是盲目服从式认同，也不能是强制性、诱惑式认同，而应该是建立在主体自觉基础上的主动认同。当然，主体自觉基础上的主动认同是在一定社会外在客观环境和条件下进行的，由此，在促进社会诚信建设的过程中，既要重视创造认同的外部条件、外部机制，又要重视主动认同或内在自觉认同。

道德价值的主动认同与个人的人生观紧密相连，道德信仰的确立与人生信仰的确立往往是同一个过程。

人生观由三个部分组成：一是“人是什么”，主要是对人性、人的本质的看法；二是“人为了什么”，主要是对人生价值、人生意义的看法；三是“人应如何”，主要涉及人生态度和人生道路。这三个方面紧密相连，其中，“人是什么”是基础，“人为了什么”是核心，“人应如何”是归宿，体现了人生信仰和人生观的实践理性的本质。

如果说人应该讲诚信是人生态度和实践理性，那么，人为什么要讲诚信就涉及人生价值和人生意义问题，涉及“人是什么”“人活着为了什么”的问题，而这些问题就是人生信仰问题。由此决定了道德信仰与人生信仰内在统一性，同时也说明了要解决诚信缺失问题，从主体自觉层面来说，就要解决人们的人生信仰与道德信仰问题，让诚信成为人们普遍的做人信念和道德信仰。

延伸 | Extended readings

信仰失落的解决路径

侯惠勤

核心提示

信仰问题上需要防止两种偏向：一是把信仰问题神秘化，变成只可意会不可言传的“终极性”问题（也就是当代的“自在之物”）；另一是把信仰问题庸俗化，变成单纯的个人现实生活目标（也就是“自利的最大化”）。

不知从何时开始，人们猛然发现，兜里钱越多，思想反而越空虚，财富积累越快，信仰反倒越迷失。一家门户网站所做的网民调查结果显示，仅有17%的接受调查者认为自己不迷信，45%的接受调查者则认为“宁可信其有”。这一数据也警醒我们，信仰迷失已成为社会主义核心价值体系建构中一个现实课题。

在今天，信仰问题既有普遍性，又有特殊性；既有群体性，又有个体性。就普遍性而言，一方面，信仰作为个人道德自律及社会、民族凝聚力的内核，其重要性在当代日显突出；另一方面，信仰危机、理想失落又是困惑当代人类的世界性难题之一。就特殊性而言，我国信仰问题的严重性和复杂性，不仅在于它已成为我国目前许多社会问题的症结所在，也不仅在于解决信仰问题似乎还缺乏有效的方式，更重要的是它始终与我们举什么旗、走什么路休戚相关。就群体性而言，信仰表现为集体的共同需要；就个体性而言，信仰则表现为个人的生命需要。

侯惠勤
中国社会科学院马克思主义研究院教授。

但是，总体上说，我们今天讲中国的信仰问题，不能脱离中国特色社会主义的大背景，不能离开当代意识形态冲突的大格局，不能将其归结为纯粹的个人事务。在当代中国，“信仰失落”问题主要不是个人缺乏扬善惩恶、追求不朽的内在动力，而是共同理想的淡漠、历史方向感的丧失。解决信仰问题的大思路，就是必须坚持以培育共同理想作为引领个人信仰的根基。

解决信仰问题的大思路，就是必须坚持以培育共同理想作为引领个人信仰的根基。

应当看到，中国特色社会主义共同理想（其前途是共产主义）不仅是全体人民共同的政治基础，而且是全社会保持健康精神追求的思想源泉。同时，历史观决定价值观，价值观的主动权来源于历史观的力量，拥有道德制高点的关键是拥有历史制高点。以上两点说明，共同理想高于并决定了个人信仰的走向。

个人信仰问题的解决，出路不是回归宗教，而是必须依靠信仰的确立。以历史唯物主义的观点分析，信仰是人的一种精神追求和精神状态，其实质是超越个体生命的有限性、追求生命的“不朽”和永恒。这种追求是虚幻还是真实，不取决于其本身，而取决于其所追求的“不朽”的根据。宗教把“不朽”的根据归结为超自然的存在（“神”），这就决定了其无论有多少存在的理由，但终究是虚幻的消极的；马克思主义把“不朽”的根据归结为历史进步和人类文明发展的无限性，因而投身于人类解放事业，个人就能超越自我、获得有限生命的不朽价值。因此，我们在信仰问题上需要防止两种偏向：一是把信仰问题神秘化，变成只可意会不可言传的“终极性”问题（也就是当代的“自在之物”）；另一是把信仰问题庸俗化，变成单纯的个人现实生活目标（也就是“自利的最大化”）。

我们需要培育一种利益机制，它可以有效地把利益的“个人计算”和“社会计算”有机结合起来，使共同的社会理想真正转化为个人的理想信念。

解决信仰问题的关键，是促成共同理想和个人信仰相协调，培育个人需要和社会需要相结合的新机制。今天，我们面临的一个新挑战，就是如何使共同的社会理想真正转化为个人的理想信念？为此，我们需要培育一种利益机制，它可以有效地把利益的“个人计算”和“社会计算”有机结合起来。其一，从超越自我、体现生命无限价值的角度提出每个人不可回避的信仰问题，这就是“身后给人们留下什么”，如何于私上不愧祖宗、下不愧子孙，于公上不愧人民群众，下不愧岗位职责；其二，从党和国家高度认同的角度建立健全党和国家的荣誉制度，从社会地位和认同上落实荣誉是人民和个人的最大共同利益；其三，从“大利益”的高度建立正反典型的动态的、形式多样的宣传教育平台，让利益的“社会计算”和“个人计算”能够充分沟通、相互转化，防止利益计算中的个人利己主义回潮。

补一补“信仰之钙”

吉方平

核心提示

理想信念的动摇，造成了精神上的“缺钙”，那些犯了精神“软骨病”的党员干部，心里没有敬畏，行为失去底线，就容易政治上变质、经济上贪婪、道德上堕落、生活上腐化。今天每一位党员，尤其是党员领导干部，应当重温入党誓言，不忘来路，不忘其初。

信仰，作为超越物质层面的精神追求，不可或缺。

作为个体的人，其知识、能力和追求都深具局限性，信仰使人超脱个体的局限，得以体认永恒价值，获得强大力量。

信仰对一个团队来说很关键，而对一个世界上最大的政党来说，可以说是生死攸关。

不同的人有不同的信仰，而共产党人，选择了马克思主义作为自己的信仰，选择了实现人的自由而全面发展的社会形态作为自己的最高理想。

信仰的意义，首先并不在于其目标指日可待，而在于其道德价值

吉方平
知名媒体人，《解放日报》评论员。

始终处于引领向上的制高点，在于其描绘的未来图景人人心向而往之。正是信仰的感召，当年成千上万的有志者走出自我小天地，抛弃安逸生活，投身改造衰朽贫弱中国的艰辛而壮丽事业。正是信仰的力量，在极端艰苦的环境里，在生死关头的考验中，他们明知自己看不到理想实现的那一刻，却依旧表现出钢铁般的意志，甘愿为之奉献乃至牺牲生命。新中国的建立，就是信仰的胜利：上海石库门里十几个人的初始叙事，竟能引领千千万万的追随者，谱写出 20 世纪波澜壮阔的伟大史诗，足以见证信仰超乎想象的力量。

新中国的建立，就是信仰的胜利：上海石库门里十几个人的初始叙事，竟能引领千千万万的追随者，谱写出 20 世纪波澜壮阔的伟大史诗，足以见证信仰超乎想象的力量。

今天，在物质条件大为改善、生活水平普遍提高的情况下，为什么“信仰”在一些党员干部那里，成了一个有些陌生的词语？这里面固然有历史的原因。我们曾经有过天天把理想和信仰挂在嘴边的岁月，有过“宁要社会主义的草、不要资本主义的苗”的日子，作为一种拨乱反正，党作出了我们处于并将长期处于社会主义初级阶段的科学论断，强调了以经济建设为中心的战略决策，这是历史性的转折。抛弃了左派幼稚病的狂热，这是值得记取的历史性进步。但是，我们需要防止一种片面性，就是忽略了党员干部的理想信念教育，忽视了一些党员干部信仰信念的空心化。

信仰缺失是可怕的，那意味着作为“永恒价值”的遗失，并回归到深具局限的“个体之人”，人的知识和能力、欲望和追求，开始变得庸俗琐碎、渺小虚无。于是，一些人沉溺于眼前的物质享乐，抛弃了远大理想，开始追求特权、贪图享受，把奉献、利他的精神，和日益富足的生活条件对立起来；一些人精神空虚，热衷于算命看相、求神拜佛；一些人信念动摇，认为共产主义是虚无缥缈的幻想，为自己谋取利益才最实在，开始心为物役，信奉金钱至上、名利至上、享乐至上；一些人价值虚无，甚至以批评嘲讽马克思主义为“乐事”。

理想信念的动摇，造成了精神上的“缺钙”，那些犯了精神“软骨病”的党员干部，心里没有敬畏，行为失去底线，就容易政治上变质、经济上贪婪、道德上堕落、生活上腐化。在他们那里，物质财富，这本是通往美好未来的、“披在肩上随时可以甩掉的轻飘飘斗篷”，最终却变成了“铁的牢笼”。

看清理想信念动摇的表现、危害和根源，就要采取有效措施，及时纠正这些错误的思想言行。最根本的一点，就是要巩固马克思主义在意识形态领域的指导地位，巩固全党全国人民团结奋斗的共同思想基础。

我们党是一个以崇高理想团结和凝聚社会成员的组织。自诞生之日起，我们党就把马克思主义写在自己的旗帜上，把实现真正公平合理的社会，实现人的自由而全面发展的社会确立为自己的理想，把全心全意为人民服务当作自己的宗旨。马克思主义、共产主义信仰是共产党人的命脉和灵魂，对共产党人具有巨大的激励和鞭策作用。

党纪国法固然重要，制度约束也不可或缺，但有理想信仰的人，更有一种源于内心的自律，这是比任何外在的约束更为强大和有效的力量。

崇高信仰、远大理想是我们需要时时牢记、始终不能忘怀的。

不谈信仰，我们的党靠什么凝聚党员？只讲物质利益，我们的党必然变质，其成员就会缺乏奉献精神，难以做到克己奉公，就会陷入功利主义与实用主义的泥潭。

不谈理想，我们的党靠什么约束党员？党纪国法固然重要，制度约束也不可或缺，但有理想信仰的人，更有一种源于内心的自律，这是比任何外在的约束更为强大和有效的力量。

正是从这个意义上，我们说，今天要强调坚定信仰，尤其是对领导干部来说，更要多讲理想信念。共产党员应当是理想主义者，没有理想信念，就不能成为高尚的人，纯真的人。做一个党员领导干部，就要为理想信念而奋斗，就要甘于为理想信念而舍弃一点个人的利益，而不能总是计较于个人的得失。

当前，我们正处于重要的历史关头。一方面，60 多年的建设，30 多年的改革开放，成就巨大，我们比历史上任何时候，都更加接近于国家崛起、民族复兴的“中国梦”；另一方面，形势复杂多变，我们党面对的执政考验、改革开放考验、市场经济考验、外部环境考验日益突出，面临的精神懈怠危险、能力不足危险、脱离群众危险、消极腐败危险，也比以往任何时候更为严峻。在这样的考验与危险面前，我们尤其需要坚定的理想信念提供强大动力，每一位党员，尤其是党员领导干部，应当重温入党誓言，重读党章要求，想一想当年选择的信仰，想一想当初立下的志向，不忘来路，不忘其初，在信仰的光辉照耀下，以奉献的精神去从事工作，以利他的态度去服务群众，以历史的使命感去为理想而拼搏奋斗。这样，我们才能不辜负这个伟大时代，才能持久地获得人民群众对我们的认可和拥护。

构建丰盈的精神生活

陈平原

核心提示

人文修养的缺失，长远看，会危及一个民族的整体素质。

大学的目标是培养有文化、善交流、注重精神生活的读书人。读书、教育功利化是有问题的，学子应多读“无用”之书，养成独立的趣味和广博的审美，对于精神生活的丰盈大有好处。

为自己而读书

在不同的时代，有不同层次的经典。有两千年的经典，有两百年的经典，有五十年的经典；在我心目中，能够在读书人的书架上长期站立的，就算是经典。换句话说，经典的定义及含金量、在现实生活中的命运，以及是否值得你我认真品鉴，是有时代性的。

但不管怎么说，“好读书”与“读好书”，二者应该有一个结合。这就引出另一个问题：什么是好书，什么是坏书。林语堂说过，他喜欢读极上流的书和极下流的书。“极上流的书”好说，那就是我们常

陈平原
文学博士，北京大学中文系教授、系主任，香港中文大学讲座教授。

说的经典；“极下流的书”为什么也值得阅读？不说超前的著作被打压，即便沙里淘金，也是一件很愉快的事。这比整天背诵、引述名人警句更值得夸耀。

在噪音铺天盖地的当代社会，建立并坚持自己的阅读趣味，是很难的。相信你自己的立场、视野及趣味，不受周围各种声音的诱惑，用胡适的话说，即除了传统的“富贵不能淫，贫贱不能移，威武不能屈”之外，还得添上一句“时髦不能动”。周围的人都说好，都说“非读不可”，都说不读就 OUT 了，你还能坚守自己的趣味，这就很不简单。

作为中国人，除了《论语》《诗经》等几十种经典著作，你确实非读不可，不读说不过去；其他的书，其实都是两可的。只是请记得一点，阅读可以消闲，但“消闲”不一定是“阅读”。越是时尚的东西，越容易过时。假如这个时尚碰巧是你个人的趣味，那我不反对；如果不是的话，需要保持一种警觉。读自己喜欢的书，为自己而读书，这就是我的基本立场。

找到你信任的读书人

在我的新书《读书的“风景”》中，有一篇《人文学的困境、魅力及出路》，提及如何重建人文学的自信，选择怎样的读书策略，以及“尚友古人”的好处。其中谈到金克木的经历，他在北大图书馆当馆员，认准几个著名教授，人家来借书，他抄书单；人家还书，他就跟着读。读得懂读，读不懂也读。

几年下来，金先生也成为一个眼界颇高的“学者”了。还有就是林语堂的故事。林语堂的中国文化底子原本很薄，经周作人指点，迷上了晚明文人袁宏道，并以此为基点，左冲右突，上挂下联，很快理出一条属于自己的读书线索。日后撰《四十自叙诗》，有这么两句：“近来识得袁中郎，喜从中来乱狂呼。”

不管是追随五百年前的古人，还是结交现实生活中的师友，找到你信任的读书人，跟他/她们一起阅读、思考，就可以事半功倍。跟什么样的人打交道、交朋友、谈读书，会决定你的视野和趣味。

最基本的阅读是要读经典著作，其他的阅读就取决于你的阅读目标，是希望借此建立一种公民立场，还是完善自家的审美趣味；是祈求良好的生活态度，还是促成专深的研究方向，这都影响你的阅读策略。

所以，很难说哪一本书是一定要读的。另外，时代变化了，知识在更新，阅读视野也在转移，上一代人觉得必读不可的，下一代人不见得这么认为。

寻觅阅读的乐趣

晚清西学东渐以后，我们整个教育制度都变了，世人对于“学问”的想象，也跟以前大不一样。过去说，读书人应博学深思，“一物不知，儒者之耻”。现在，专业分工这么细，人家问你什么问题，回答“不懂”，这很自然，也很正常。好处是大家都“术业有专攻”，任何一个稀奇古怪的问题，都能找到专家来解答。

可作为具体的“读书人”，你一辈子就从事一个小小的专业，就精神层面而言，未免有点可惜。追求人的全面发展，在高深的专业研究之外，保持对于宇宙、对于人生的广泛兴趣，这是一种值得欣赏的生活态度。过分学科化与专业化，导致知识之间的明显隔阂、人们对世界理解的不完整，以及日常生活和学术研究之间的巨大鸿沟。这不是一个理想的状态。

> 母语教育的滑落、人文修养的缺失，长远看，危及一个民族的整体素质，是个迫在眉睫的大问题。

欣赏“爱美的”学问家，就是主张专业之外的读书。为专业而读书，任何一个接受过学院训练的人都会这么做。缺的是专业以外的阅读。不满于封闭的专业小圈子，穿越各种学科的边界，不是希望从事“跨学科研究”，而纯粹是出于求知的欲望。前者如今成了另一门“学问”，而我想说的是个人的“修养”，一种无关学位与学历，不能拿来评职称、报课题的“阅读的乐趣”。

构建丰盈的精神生活

在今天学科分工化越来越细的条件下，尤其是读到博士，以学术为业，好像路确实越走越窄。这似乎是一种普遍的困境。但不是不能打破。看老一辈学者的学养及趣味，就不是这个样子，那是他们小时候所受的教育决定的。走到今天这一步，跟最近二十年中国的教育体制有密切关系。中学文理分科，大学突出实用性，人文学日渐边缘化，这决定了一代人的学养及趣味。

有人问我关于“读书”有什么建议，我常回答“读文学书”。为什么？因为“文学”没用。在一个以赚钱为第一要务的时代，连大学教授都以赚钱多少来决定认不认自己的学生，你还能说什么？如何赚大钱，不归人文学者教；编写“商战手册”或“股市指南”，那也不是大学教授的责任。我们能做的，是培养有文化、善交流、注重精神生活的读书人。

作为中文系教授，我谈《人文学的困境、魅力及出路》，或者撰写《“学堂不得废弃中国文辞”——关于重建“大一国文”的思考》，很容易被嘲笑为“自我保护”。可母语教育的滑落、人文修养的缺失，长远看，危及一个民族的整体素质，是个迫在眉睫的大问题。民众追求看得见摸得着的“实际利益”，这完全可以理解；可本该成为“精神圣地”、“指路明灯”的大学，也都变得如此急功近利，不能原谅。

我提倡博雅而非专深。今天中国大学的教学理念及课程设计等，之所以过分实用化，并不是学习欧美一流大学的结果。欧美不管是综合大学还是文理学院，都注重博雅课程，要求大学生对人类、对历史、对艺术、对人生有比较好的了解，然后才进入专业研究。我们过早地专业化，小小年纪，就画了一条红线，把很多知识排除在外，并贴上标签，注明“这不归我管”。这样的教育是有问题的。从制度上说，除了中学的文理分科，再就是大学的专业及课程设置过分侧重技

“职业培训”是“职业培训学校”的事，不是大学的宗旨，大学的主要任务是培养学生的修养、眼界、趣味。

术性知识，美其名曰“与市场对接”。我再三提醒，“职业培训”不是大学的宗旨，大学的主要任务是培养学生的修养、眼界、趣味。当然，如果你认定，我们的“大学”本来就应该是“职业培训学校”，那我没得说。

名家观点 | Experts' viewpoints

汪　晖　清华大学人文学院教授

今天需要什么样的文化自觉

在今天新的历史时代，全世界都处在非常严峻的困惑中，中国也不例外，不知道改革往哪走，不知道需要什么样的文化为21世纪的中国奠定自身价值基础。这些都具有新颖性。凡是那些清楚地告诉模式的人，无非就是从别的地方拿一个模式过来，而这些模式在所在地可能都处于危机中。

文化自觉不是抽象的东西，需要重新理解我们立足的时代处于什么样的状况，面临的困难、挑战、机遇，以及新颖性在哪里，进而讨论每一个人在这一过程中的能动性和创造的前提。学习其他社会的经验，同时去理解今天碰到的问题，这是文化自觉的真正要义。

姜明安　北京大学法学院教授、博士生导师

让法治成为国民信仰

国民为什么要信仰法治，因为法治优于人治，法治能限制公权力的膨胀、滥用、腐败，为国民提供民主、权利和自由的保障，提供平等、安定、可预期的秩序，提供环境、生态保护和经济、社会可持续发展的机制。人类从自己的经历、经验里，应该深深感受到法治对自己的意义、价值，人们信仰法治应该是自然而然的事情。

然而，现实并非如此。我们的许多国民，包括一些担任国家公职者，虽然在一些时候、一些场合也依法、守法，遇事通过法律途径、法律方式解决问题，但他们并非相信和信仰法治，只是在一定时候、一定场合迫不得已做出的选择，或仅将之作为一种博弈的策略。只要有非法律途径、非法律方式可选择，并可能给他们带来更大的利益，他们会首选其办事和解决他们的问题。

方朝晖　清华大学人文学院历史系暨思想文化研究所教授

抵制腐败行为的最大武器是信仰

> 一个政府的官员如果没有坚定的信仰，而只是害怕有朝一日被双规，就很难经得住各种利益诱惑。

一个人手上有了权力，就会面临很多风险、压力和诱惑。一个政府的官员如果没有坚定的信仰，而只是害怕有朝一日被双规，就很难经得住各种利益诱惑。从某种意义上来讲，只有一个人从内在的、主观自觉的角度不愿意腐败，才能构成反腐败最强大的力量。如果一个人仅仅是害怕被抓而不腐败，这是很消极的。从根本上来讲，干部队伍本身的信仰严重失落，反腐败就没有内在的精神动力，仅仅靠外在的力量反腐败是不够的。政府官员是整个社会的领头羊，如果他们在精神上没有信仰，反腐败就失去了中流砥柱。

李向平　上海大学教授、博士生导师

公民信仰应成为制度正当性的基本根据

> 公共理性是一个民主国家的基本特征，这种公民信仰认同方式最能够建构一种以公共信仰为基本信念的中国行动逻辑。

无论未来中国信仰呈现何种形态和存在几种信仰模式，不同信仰之间整合构成的公共理性应当是最重要的，这是民主社会公民的平等理性。公共理性才是一个民主国家的基本特征，这种公民信仰认同方式最能够建构一种以公共信仰为基本信念的中国行动逻辑。因为公民身份的定义及其认同系统的构成，既可认识现实社会中的信仰习惯，亦可认识信仰者如何在不同的社会成员中获得自己应有的权利和承担的责任与义务，从而以信仰表达及公共规则达成公共理性秩序。

在这个意义上，公民信仰认同方式或国民阶层的信仰习惯，实际上意味着各种信仰资源的重新配置，以及公民信仰认同的途径和身份定义系统的建构和变化。它们往往伴随着国家权力的整合，在法律与宪政基础上，使作为公民个人权利的信仰成为制度正当性的基本根据。

刘 澎 中国社会科学院美国研究所研究员

信仰是中国崛起的软肋

如果我们回顾过去几千年中国在世界民族之林发展拼搏的历程和其他“大国”崛起的历史，就会发现，影响未来中国发展的因素不在物质层面而在精神层面。当今社会出现各种正气不彰，乱象丛生，就是因为社会成员失去了信仰，精神支柱的空虚与道德基础的缺失造成的物质与精神的巨大失衡变得日益突出。无论如何，物质的繁荣不能代替精神与信仰的缺失。中国要“崛起”成为真正的“大国”，就必须认真回答这样一个问题：中国人的精神支柱、核心价值观与信仰体系是什么？

影响未来中国发展的因素不在物质层面而在精神层面。

坚守社会的“底线伦理”

02

KEEPING THE
MINUTES OF CHINA
WITH THOUGHTS

主题

章立凡　羞耻心是反思国民性的绝好命题

何怀宏　守住“底线伦理”是一个人的自然义务

延伸

刘　阳　出名也要有底线

周国平　搞运动不能解决精神问题

胡赳赳　无耻者下贱，知耻者高贵

名家观点

易中天　石述思

谌磬悦　阮思余

主题 | Key Articles

羞耻心是反思国民性的绝好命题

章立凡

核心提示

“知耻近乎勇”，羞耻心的缺失与社会文化环境密切相关，改变文化环境首先从教育做起。

我们国家历来是讲集体主义的，对待耻辱问题也是这样。比如在对日问题上，我们一方面高调地说慰安妇是日本军国主义的罪恶，但是在日常生活中，很多人又对慰安妇始终歧视，足以折射出民族耻辱和个人耻辱的关系。中国人总是讲忠孝节义，舍身取义，对于弱者有很多的要求，当俘虏都不行。很多当年做过俘虏的志愿军回来以后，几十年都抬不起头来。按国际上通行的规则，你的抵抗失去意义的时候，只能增加生命的牺牲，这时投降不算是耻辱。而我们自己的规则是，你投降了就是叛变了。

这样的例子有很多。比如方先觉守衡阳，与日本人苦战那么长时间，最后，抵抗已经失去意义，想自杀也自杀不成，就放下了武器。日本人对他特别尊重，因为他尽到了一个将军的职责。方先觉后来脱身，回到了国民政府，蒋介石对他也还不错，但方先觉个人在舆论之下，仍然抬不起头来。这还是传统的观念在起作用。这里有一个族群和个人，或者集体和个人的关系问题，族群、集体对个人的宽容是很少的，观念也是落后的。

除了国民性的问题，还要反思社会体制本身对文化传统的戕害。这不单单是一个反思国民性的问题。我们可以从两个层面来分析。从

章立凡
近代史学者，注重研究北洋军阀史、中国社团党派史、中国现代化问题及知识分子问题等。

国民性的角度看，各人自扫门前雪，莫管他人瓦上霜，只管自己不管他人；大难临头一盘散沙，不负责任，民族危亡时刻出卖同胞，当汉奸，这些事例史不绝书，这确实是国民性本身的一些弱点。但是另一方面，中国历来是一个礼仪之邦，传统当中，不管是儒家，还是佛家、道家，都有很多道德教化的内容，这些内容并不是完全不起作用的。回想我小时候跟一些老年人打交道，甚至是没有文化的老年人，他们还会遵守一些“老理儿”。因为他的父辈、祖辈都会教人一些做人的道理。

直截了当的无耻和以前那种需要遮羞布的无耻还是不一样的，这是文化和人性的彻底堕落。

孔夫子讲“知耻近乎勇”，有一套修身的要求。至于这一套怎么做，人跟人是不一样的，很多人确实也是表里不一的。而弄到公开不顾廉耻的程度，是我们社会近几十年才出现的情况。过去哪怕有人做一些错事、坏事，他也要讲一番大道理，来证明他的做法是对的，或者是符合正义的。现在很多人连这套说教都省了，直接拆你的房，直接黑你的钱，直接打你的人，根本不跟你讲什么道理，也不给你什么交代。这种直截了当的无耻和以前那种需要遮羞布的无耻还是不一样的，这是文化和人性的彻底堕落。

我经常讲文化与制度的关系问题。我既不是一个文化决定论者，也不是一个制度决定论者，我认为这两者是互为因果的。在坏的情况下，它们是互相促进的，一起扯着往下沉。政府与人民，二者经常是互动的。我越来越觉得我们现在面临的问题其实就是这么回事。联想到维权的时候下跪的现象，就很能说明问题。但绝不仅仅是个传统文化的问题，而且是教育的结果，百姓习惯于下跪，没能造就公民。

想扭转一个文化环境，不是一年两年的事情。

死要面子活受罪，一些国人那么多无耻的事情都能做得出来，而一旦有人批评他的时候，还会有各种各样的辩解。我觉得，从政治家的角度来看，直接认错其实不丢脸，即便是从策略上考虑，事情可能也会很快地了断，公众会接受你的道歉。承认错误比文过饰非的效果要好得多。

现在的信息渠道太丰富了，说假话、文过饰非，后果比立即认错更惨，还不如有一说一，痛快地承认错误，公众一般都还能谅解。

个人很容易会受到自己所处的文化环境的影响，离开了这个文化环境，就会丢人丢到全世界。如果一个人从小受的就是说假话的教育、做两面派的教育，从上幼儿园开始就懂得向老师行贿，这样教育出来的人如果成为官员，会变成什么样是可想而知的。他会习惯成自然，说假话、空话，见人说人话，见鬼说鬼话。比如那个到英国留学的学生，因为论文没过，拿5000英镑贿赂老师。他可能从小看到父母就是这么做的，老师也是这么接受的，他到了另一个文化环境中还是按照原来的文化环境中的习惯去做，结果只能坐牢。所以不要总是强调中国的特殊性，人类是有共性的，否则你就不属于全人类。

从根本上改变中国的教育，去行政化，让教育回归教育，这是一个国家的底层设计。

扭转一个文化环境，不是一年两年的事情。现在要做的就是，从根本上改变中国的教育，去行政化，让教育回归教育。这是一个国家的底层设计。我们讲了好几年的顶层设计，不讲底层设计，对此我一直是质疑的。要彻底改变整个民族的教育，顶层设计固然好，而如果官员和人民都是这么一个教育体制的产物，只培养“标准件”，不培养公民，顶层设计也只能是空中楼阁。

守住“底线伦理”是一个人的自然义务

何怀宏

核心提示

我们生活在一个转型中的复杂的现代社会，可能会遇到很多麻烦，可能要做出妥协和退让，但某种做人的底线是不能突破的——不能因为达不到最高，就把最低的也放弃了。

“底线伦理”分成三个层次：第一个层次是所有人最基本的自然义务，人之为人的义务，比如不伤害和侮辱生命、不欺诈他人，这也是最基本的道德底线；第二个层次是与制度、法律密切相关的公民义务，比如奉公守法，捍卫法律尊严，抵制对公民权利的侵犯，同时也履行自己的公民义务；第三个层次是各种行业的职责或特殊行为领域内的道德，比如官员道德、教师道德、生命伦理、环境伦理、网络伦理，等等。

以上三个层次，越是前者越为根本，后者一般是前者的引申和具体化，但因为有领域和行业的特殊情况，权益增加了，要担负更高的道德责任，所以往往也就显得较高。比如掌握权力的官员，除了履行一般的自然、社会义务和公民义务，还需要担负起与其权力相称的职责。这种职责的高低轻重是和权力或影响力成正比的，权力越大，其行为对他人和社会的影响越大，责任也就越重。

何怀宏
北京大学伦理学教授。

虽然我们每个人都应该在社会体系中各安其分，各敬其业，但是，我们更有必要通过社会制度创造出一个能够使每个人各得其所、各尽其能的基本条件，即创造出一个公正的社会环境。也就是说，大家都要守本分，以尽职尽责的精神做好自己的事情，而政府也要守本分，确定自己恰当的权力范围，保障各阶层、每个人的正当权利和利益不会受到侵犯。康德在《道德形而上学》中把社会公正与个人义务并提，把权利论与德性论视为不可分割的两部分，并且优先讨论权利论，等等，这是发人深省的。

但是，无论如何，制度的不公正即使有时可能勾销一个人的政治职责，却仍然不能勾销一个人的自然义务。总之，只要你是一个社会的成员，你就必须履行某些义务。不管你有什么信仰，追求什么样的价值观念和生活方式，也不管你多有权、多有钱或多有名，有一些基本的东西你是不能丢的。

制度的不公正即使有时可能勾销一个人的政治职责，却仍然不能勾销一个人的自然义务。

我们生活在一个转型中的复杂的现代社会，可能会遇到很多麻烦，可能要做出妥协和退让，但某种做人的底线是不能突破的——不能因为达不到最高，就把最低的也放弃了。在道德上，我们要摒弃一种“要么全部、要么全不”的思维，不能因为成不了圣徒、英雄，就索性做一个坏人；不能因为社会不是太理想，或者别人做得不是太完美，就给自己的行为找借口。总之，不能认为“既然你也不是太好，你也有一点私心，那么我就什么都可以做，就可以无所不用其极”。

道德是可以分层次的。每个社会里都有一些人有着很高的道德追求，如西方历史上的斯多葛派，中国古代儒家的一些人以道德高尚、品格完美、成为圣贤作为他们人生的最高乃至唯一的精神追求。对他们来说，自然是绝对不会以“底线伦理”为满足的。现在随着社会的平等化，大家的价值追求也可以多样化了，许多人没有很高的道德追求，不想做圣人，但也不去伤害人，只求一生本本分分赚钱，平平安安度日，这也是无可非议的。

每个人都有自己的人生目标和价值追求,但人必须先满足一种道德底线,然后才能去追求自己的生活理想。严守道德底线需要得到人生理想的支持,而去实现任何人生理想也要受到道德底线的限制。现时代我们面临这样一种处境:最小范围内的道德规范需要最大范围内的人们的同意和共识,最低限度的道德约束呼唤着最高精神的支持。强调道德底线与基本义务、提倡人生理想与超越精神又是紧密联系、完全可以互补的。

严守道德底线需要得到人生理想的支持,而去实现任何人生理想也要受到道德底线的限制。

延伸 | Extended readings

出名也要有底线

刘　阳

核心提示

不能流芳千古也要遗臭万年，这句话如今真成了一些人的座右铭。社会价值取向扭曲的原因在于，只要出了名，不管“美名”还是“恶名”、“臭名”，都会有巨大的利益不请自来。究竟是谁为他们提供了如此多的机会？是什么让他们拥有如此高的身价？是谁在“审丑”文化的滋长过程中起到了推波助澜的作用？

社会转型期的高速新陈代谢，为文化的繁荣发展带来了前所未有的机遇，但许多文化失范现象也随之裹挟而至。这些现象的背后，是社会心理、道德逻辑、文化操守等基本底线的失守和沦陷，而归根结底，则是一些人在社会价值取向上的扭曲。

张爱玲说：“出名要趁早。”这大概道出了大多数人的普遍心态。

出名不可怕，可怕的是为了出名没有底线。而如今一些人也的确是为了出名而丧失底线了。

最近微博上有位极其走红的人物，网名“留几手”，人称“手哥”。“留几手”之所以出名，其“特长”在于对网友照片进行恶毒点评。他的语言极尽污蔑调侃之能事，动辄用“负分”将网友之相貌贬损得“酣畅淋漓”，且常常爆出粗口，几近人身攻击。也有极少数的美女能够在“手哥”那里得到“正分”，那简直就是人生莫大的荣誉，可谓高山仰止般的“尊贵”了。

刘　阳
知名媒体人，《人民日报》政治文化部记者。

扬名立万之心，古已有之，并不是什么稀罕事。“功名利禄”，从来都相互关联。出了名，利禄自然不会远。但今昔相比，不同之处在于，如果说过去的人想出名，凭的还是令人叹服的好风骨和真本事，扬的是“美名”。而今这些以“骂人”或“求骂”出名的人，则真的是出的“恶名”、“臭名”了。过去，“臭名昭著”还是个彻头彻尾的贬义词，现如今倒真真儿的变得暧昧起来了。

只要出了名，不管“美名”还是“恶名”、“臭名”，都会有巨大的利益不请自来。求广告代言的，邀请当节目嘉宾的……各式各样的机会，从网络世界转移到现实社会，出名者的身价立马暴涨，其中的诱惑自不待言。这样的例子，近些年来屡见不鲜，也就难怪这么多人都想当“毒舌”，也另有这么多人想被“毒舌”骂了！

究竟是谁为“恶名”、“臭名”之人提供了如此多的机会？是什么让他们拥有如此高的身价？是谁在“审丑”文化的滋长过程中起到了推波助澜的作用？这是值得我们深思的问题。试问，如果这个社会真的能做到以美为荣、以丑为耻，对那些凭借“晒丑”哗众取宠的人和行为漠然视之，还会有这么多人不惜抛却尊严与廉耻来扮演小丑吗？

如果这个社会真的能做到以美为荣、以丑为耻，对那些凭借“晒丑”哗众取宠的人和行为漠然视之，还会有这么多人不惜抛却尊严与廉耻来扮演小丑吗？

搞运动不能解决精神问题

周国平

核心提示

中国儒家文化重集体轻个体，“我不相信一个只强调集体、只强调国家的社会，会有良好的个人道德”。一个社会，一定是在尊重个人的基础上，个人得到了尊重且有了自尊后，才会尊重别人，才会对社会有益。

周国平

当代著名学者，哲学家，散文家，作家。

儒家文化否定个体生命的价值

经常从媒体上看到对个体生命冷漠的事件，例如矿难、强拆等。

根源可以从中国的传统文化里去寻找。中国的儒家文化并不鼓励人们尊重自己的生命，包括自己的生命权利。虽然孟子也谈到了同情心、恻隐之心是道德的开端，是道德的基础，人是应该有同情心的，但是他缺了前面那个基础，就是首先要肯定每一个个体生命的价值。

中国传统文化对个体生命的价值其实是批判的、否定的，它把义和利对立起来。比如孔子说，君子喻于义，小人喻于利。这和西方文化是不一样的。西方的传统文化从一开始就承认，个人追求自己的利益是合理的，只要不损害别人的利益就行。而中国文化强调家族的利益、国家的利益，个人要为家族作出牺牲，为国家作出牺牲。在这样一个传统之下，个人受到压制，个人的生命变得不值钱。

我觉得道家文化是中国传统里最好的文化，可惜它不是主流。

道家文化其实是比较尊重生命、尊重自然的。它有两个特点，一是尊重个体生命，强调要保护好生命的本来状态，不要用社会的、物质的东西去损害它。二是强调无为而治，主张政府不要对百姓干预太多，让百姓多去追求自己正当的利益，如此一来，这个社会就好了。其实，这些思想和西方的传统思想是很接近的。

另外，道家文化比较超脱，超脱世俗的、社会的斗争，比较看重人精神上的追求和自由，追求一种精神上比较审美的东西。

可惜的是，道家的优点没能够战胜儒家的毛病。

“五四”学习西方是浅层的

“五四”打倒孔家店后，对个体生命的尊重没有什么变化。因为根本的问题没有解决。“五四”时期对西方科学和民主的接受和学习是浅层的。民主的背后是什么？为什么要民主？民主仅仅是一个手段，它的背后实际上是自由，个人的自由，是生命的权利，但那时我们没有深入到这一步。科学也一样，仅仅是科学的一些知识性的东西。但科学背后是什么？是对人的精神的尊重，对人的头脑的尊重，对独立思考的尊重，对真理的追求，但这些理念我们那时并没有树立起来。

当时，包括鲁迅、胡适，都在用各种方式努力实现对个体生命的呼唤。鲁迅先生早年写过大量涉及生命个体的文章。他很大程度上受了尼采的影响，主要在1907年和1908年左右。那时他写的《摩罗诗力说》等文章是很深刻的。他触及到了中国缺乏的两大观念：其一是重个人轻众数；其二是重精神轻物质。实际上，这也是尼采的两大观点。

我认为，这两大方面的欠缺是中国两个很重要的文化基因造成的。一是对个体的不重视。我不相信一个只强调集体、只强调国家的社会，会有良好的个人道德。一个社会，一定是在尊重个人的基础上，个人得到了尊重且有了自尊后，才会尊重别人，才会对社会有益。二是没有终极关怀。这两个问题当时都没有很好地触及。

法治和信仰是根本

上世纪80年代，我写了很多文章介绍尼采。但是从整个社会、整个知识界来说，它不是兴奋点。80年代所谓的新启蒙，更多地重视了民主化等问题。90年代，对西方自由主义的介绍要多得多。当然，也是从中国的政治改革着眼去谈自由主义问题的。

有人问我是否需要来一场文艺复兴运动。这种想法有一点哗众取宠，我是不同意的。我认为提口号没有意义，总需要给它一点内涵。这个内涵就是人生哲学问题、信仰问题。搞运动是不可能解决人的精神生活问题的。

要解决对人的生命尊重这一问题，不能光靠呼吁，要从根子上解决问题。一个是法治、社会秩序，另一个就是信仰。我说的信仰是广义的，是要提高人生的觉悟，真正看明白人生中什么东西是最重要的。

> 信仰是广义的，是要提高人生的觉悟，真正看明白人生中什么东西是最重要的。

仅凭“觉悟”不是理想主义。作为一种提倡来说，每个人都应该这样做。但是，最后只可能是一部分人能够做到。当这个社会能够做到这一点的人越来越多的时候，那么这个社会就会好起来。

无耻者下贱，知耻者高贵

胡赳赳

核心提示

中国文化是耻感文化，没有耻感，人就会丧失自己的尊严和应有的身份。然后从“人性”向“奴性”下移，人的权利被剥夺，自我认知也趋于“精神矮化”，人于是变得“屌丝化”。从最开始的抵抗到麻木，然后到合谋，最后成为时代的帮凶。

知耻是好人和坏人的分界线，也是坏人能不能变好的标志。

胡赳赳
原名胡祥奎，中国当代诗人、媒体人，《新周刊》主笔。

人们常将“温水煮青蛙”的故事，用来对时局和政体进行讽喻，其实它还有另外一个版本：青蛙不是被温度越来越高的水煮死的，被煮死之前，已经被溶解在水里的各种物质毒死了。

App应用里，有两个软件下载率很高，一个是“PM2.5监测”，一个是“中国求生手册”。前者跟国际接轨了，日本人当PM2.5接近100时，当地政府就会赶紧种树，而中国的数值则经常不准，即便超过200，有时还显示空气质量良好；后者则是中国民间的智慧，所谓求生手册，就是不想被温水里的物质毒死，网友自发每日更新、搜罗各地公开新闻报道，警示哪些东西可以碰，哪些碰了是灾难，包括吃穿住行，等等。

比如，2013年5月2日的求生手册，标题就有“我国瓶装水标准不及自来水”、“凤凰古城昨夜经历塌桥惊魂”、“贝因美被查出婴幼辅食汞超标”、“奈米科泉桶装水存致癌风险”、“医院急救药瓶含玻璃碴”、“1.5 亿元卫生巾制假窝点被端”、“一碗牛血汤，吸尽几十年甲醛”，等等。

当我们成天“浸泡”在这样的消息里时，已经见怪不怪了。1998 年，北京大学伦理学教授何怀宏出版了他的新书《底线伦理》，所举的事例无外乎开发商把绿地盖成了房子、公交车售票员 2 元车票收 3 元、旅游景点坑客，等等。现在看来，上个世纪的人尚有羞耻，略有良知，懂得礼义廉耻，至少撒谎会脸红，做错事会觉得内疚。但到了本世纪，第一个十年一过，似乎社会基因发生了突变，底线伦理早已经崩盘，不适用了。何怀宏教授语重心长地说：“己之不欲，勿施于人就是一种基本的底线伦理。”而刚刚在微信圈里传得很吓人的一个事情是：一户卖草莓的人不让自己女儿吃自家产的草莓，但女儿在后园偷吃了好几年，结果长得很胖，并生了绝症，因为保鲜草莓上喷有剧毒。——从什么时候起，我们丢失了自己做人的羞耻之心?

夜深人静时，那个“我”便出来了，有羞耻心，有正义感，有五伦七义。

“社会上的怨气，转化为一层又一层的暴戾之气，这种暴戾之气便是杀伐的源头。每个人都觉得是受害者，每个人又在加害他人。不仅加害，而且有理由、有预谋、理直气壮、坦然地加害。似乎受害者天生就有报复的权利。于是，在这种境况下，羞耻心被愤怒心取代了，伤天害理也变得理所当然。”在谈到这个话题时，一位媒体人士这样理解。

也有人说，如果一味向外求，对物质、利益和名声过分迷恋时，忘了自己做人的本分，自然便会丧失掉“耻感”。“耻感的丧失也是文明消失的一种方式，这不是什么新鲜玩意儿，可以说是一种返祖现象。”

耻感的丧失也是文明消失的一种方式,这不是什么新鲜玩意儿,可以说是一种返祖现象。

人生存下来是第一要义，原始社会可以丛林法则弱肉强食，但几千年过去了，如果人仍然处于很高的激素状态、自卫状态以及极低的道德状态、无耻状态，那么不过是印证了学者余世存的一句话：“我们离做人还很远，我们处在人类的前夜，只不过是类人孩而已。”他悲悯地看到华族在儒家传统与西方物欲侵袭下的两难选择。

一位白领笑称自己是从“小资”堕落到“屌丝”，他反思道：“个人往往受时代、环境、现状的裹挟，这种裹挟的蛮力是很可怕的，别人都不知羞耻、丧失底线，你一开始不好意思，但慢慢竟习以为常，一层层地剥落，直到终于裸奔。”他感叹说：“要么你就出局了，不在这个局里玩，或许可以洁身自好。”

这种“时代的蛮力”就像一列停不下的高铁。你不上车，就被淘汰，更多人还在往车上挤。响着的汽笛名字叫作“GDP”，它还有很多外号，如：发展意味着一切、改变命运、让父母生活得更好、实现理想、成功人士，等等。

无耻者越多，知耻者越少，这也是社会学上的“破窗效应”，用经济学家的话叫“劣币驱逐良币”。

中国 GDP 攀至第二、奢侈品消费攀至第二，可谓是中国的一个分水岭。在分水岭那头，人尚有人格，国尚有国格，过了这个分水岭，人格可以交换、贪腐者在落网前受人羡慕和尊敬，贫穷者而听着风声遭人嘲笑。上世纪 80 年代，人和人之间的关系是互相尊重，领导像领导、下属像下属，无论搞学术、做科研还是谈买卖，都透着一个彼此尊重、温良恭俭让的劲儿，领导不会侵犯下属做人的底线，下属以人格尊严获得做人自信。而现在叫什么，“舔菊”，代替了“无耻正在流行”的说法。无耻者越多，知耻者越少，这也是社会学上的“破窗效应”，用经济学家的话叫“劣币驱逐良币”。

上世纪 90 年代，尚流行“搞导弹的不如卖茶叶蛋的”一说。究其实，他们本应该是特别心平气和的同一类人，只有分工的不同。但你要说“分工的不同”，便会被人耻笑，像是宣传口号，没人信以为真。

西方文化多重“罪感”，东方文化多重“耻感”。故西方人意识中多有原罪，因此法律大盛；东方人意识中有“羞耻之心，人皆有之”，故常以教化约之。

罪感文化与耻感文化的不同，导致东西方走了两条不同的路，东方人重心性，西方人重现世。东方人重人情世故，西方人重律理规条。东方人圆融、忍辱、变通，西方人严谨、事功、呆板。

很好笑的是，即便在东方儒家文化圈的国家中，中国人也不像新加坡和日韩那样“克己复礼”、“尊师重道”了，他们是另一类人。耻感文化在中国人那里，几乎殆尽。

不过，在中国文化里，耻感曾经大盛，一次是孔子感叹礼崩乐坏而梦周公、修春秋、编六艺、注易经。一次是宋明理学搞复兴运动，“存天理、灭人欲”，给中国人穿上了道德的紧身衣，产生了一大批道学家，将活泼泼的生命弄得老气横秋，生活质量很差。最近一次，则是“民国三原儒”（梁漱溟、熊十力、马一浮）意图将中国人的礼乐传统续上。有人比喻说，手筋脚筋都被砍断了，这几位大儒想要再续上。砍断的原因有：自身流弊、政体混乱、西潮渐进。用儒家原训而言就是“人心惟危，道心惟微”。

这三次针对耻感的文化运动，可以说，孔子制订的道德衣裳刚刚好；朱熹一路太逼窄了，逼凡夫成圣人；马一浮一路又不合时宜，生活方式演进了，旧衣裳不合身。

羞耻和天性解放并不矛盾，打着羞耻的幌子，约束天性，或打着天性的幌子，搞不知羞耻、不怕丢丑的事情，都是可耻的。这中间有一个“度”存在。但如何掌握好这个度，则自在人心。道德和功利的关系，英国的哲学家杰里米·边沁（Jeremy Bentham）就说过：“什么是道德，就是大多数人的最大幸福。”

以前骂人，说“你这个丢丑卖国”的家伙，那是很严重的斥骂，或骂“卖友求荣”等等，但现在，丢丑和卖国是联系不起来的，卖友求荣，似乎为了个人利益也可以理解。

看影视三十年的变化，从牵手、拥抱、接吻、露点到三级、AV或郭美美和干露露，人们对羞耻的免疫力越来越高。每个年代有每个年代的羞耻和道德标准，有时，过一点便为耻，不逾矩便为羞。羞和耻是一对矛盾的共同体，孔子到七十才懂得“随心所欲不逾矩”的奥妙。

耻又分个人之耻与国家之耻，一般情况下，二者是统一的。但若礼崩乐坏，则个人之耻是国家之荣，或国家之耻是个人之荣。

一般情况下，个人之耻与国家之耻二者是统一的。但若礼崩乐坏，则个人之耻是国家之荣，或国家之耻是个人之荣。

耻感发乎天性，有时当时便知觉，有时被蒙蔽，慢几拍，过后才醒悟，所谓“知耻而后勇”。耻感文化既受社会影响，也受历史影响，最后，变成每一个人身上既有个体，也有全体人类，“一就是一切”。

人有人格，耻感的丧失，即人丧失自己的尊严和应有的身份，然后从“人性”向“奴性”下移，人的权利被剥夺，自我认知也趋于“精神矮化”，人于是变得“屌丝化”。从最开始的抵抗到麻木，然后到合谋，最后成为时代的帮凶，正如季羡林感叹说“坏人是不知道自己是坏人的，因此坏人不可能变好”，无耻者极有可能是不知道自己是无耻的，好在其一旦知耻，便会“后勇”。

这也是我们对这个社会抱有信心的缘故。知耻是好人和坏人的分界线，也是坏人能不能变好的标志。

避世、行世、济世，也是知耻。

耻者，止也，有所为有所不为。头上有星空，内心有道德律。关键是，这道德律不能约束他人，只能约束自己。知耻，只能反求诸己，只能自我完善，只能返观内视，一旦约束他人，便成道德审判、正义绑架、个人优越感的大放送。这便是其可说和不可说的地方，也是流弊甚广之处。

无耻者要做很多事才能让别人知道他的无耻，知耻者什么都不用做便让人明白他的知耻。凡知耻者，必有闻过则止、改过自新、止于至善的机会。

无耻者下贱，知耻者高贵。不怕丑不是一种钝感力，而是一种爱的能力的退化，怕丑不是一种脆懦，而是生命的底线打出的信号灯。

是非在哪里，界线就在哪里。无关功过，无关荣辱，无关得失，但关乎世道人心。千百年来，未曾变过。

明代学者王阳明提出“致良知”，流传着一个他的故事——一次被盗贼所困，盗贼问：盗贼可有良知。他答有。盗贼不信。他说：你们把衣服脱下来，我一层层证明给你看。脱到裤衩时，盗贼不愿脱了。王阳明说：“你看，这知耻就是你们的良知。”

亚当夏娃被赶出伊甸园，赤身裸体，但知拿树叶挡住私处。这个故事正因为知者众，反而听起来不那么吸引人。

知耻，即知觉的一种。知而不觉，是大耻，知而有觉，即良知。

孔子曰：“好学近乎知，力行近乎仁，知耻近乎勇。知斯三者，则知所以修身；知所以修身，则知所以治人；知所以治人，则知所以治天下国家矣。”孔子的好，在于个人的修身；孔子的不好，在于治人。一俟治人，便成为手段、功利与术用了。听孔子，也要听一半。孔子之语，企图太大，“中人，不可语上也”。

高群书导的平民电影《神探亨特张》中，警察审问小偷时，小偷辩解说：“社会上有那么多缺大德的人你不抓，为什么偏偏盯上我啊。”无耻者的逻辑是：总有人比我更无耻。

无耻者的逻辑是:总有人比我更无耻。

张立宪扮演的警察过去拍了拍贼的肩膀：“你呀，五行缺德。”

名家观点 | Experts' viewpoints

易中天 厦门大学人文学院教授、博士生导师

当下中国最缺底线

当下中国缺什么？最缺底线。这很可怕。一个人没了底线，就什么都敢干。没有底线，企业就会弄虚作假，学者就会指鹿为马，裁判就会大吹黑哨，官员就会贪赃枉法，警察就会刑讯逼供，法院就会草菅人命。从这个角度说，底线就是生命线。

石述思 著名时评人

可怕的社会价值观促生悲催的零和博弈

在这个崇尚自我、强调竞争的年代，功利主义、成功学外加情欲至上成为一种可怕的社会价值，加上转型社会尚未来得及建立公平正义的利益分配机制，于是，叔本华的谶语便演化成一种可怕的现实：生命是一团欲望，欲望不能满足便痛苦，满足便无聊，人生就在痛苦和无聊之间摇摆。缺乏利益之上的追求，又没有真正有效的制约机制，一个由13亿人组成的世界第一人口大国，每个人都宛如孤岛，无法联成大陆，为利益而战，整日PK。当生命的意义和尊严牢牢地绑定金钱和权力的战车，整个社会的竞争便异化成悲催的零和博弈，最终没有赢家。

谌馨悦 媒体评论人

高尚的伦理道德已变得十分稀缺

为何一些中国人如此热衷于疯狂追捧苍井空？一个合理的解释

是，因为一些中国历史文化和传统价值的崩溃颠覆，以及随着现代社会功利化、商业化、庸俗化进程的不断加剧，高尚的伦理道德、优雅的审美情调等，已经变得稀缺罕见。所以说，无论如何，一些国人竞相追捧日本“女尤”，都是当下价值观扭曲变态的体现，是一些国人沉沦无底线、堕落无下限的反映。

阮思余　知名评论人

底线为何会失守?

所谓的底线失守，指的是人们原本公认的、大家都能够接受，并且自觉自愿坚守的一些基本职业道德、职业伦理、社会公德等已从人们的共识中消失。

底线失守，一是因为人们找不到坚守底线的意义与价值，坚守底线的人得不到应有的承认与尊重，不坚守底线的人反而能够获得巨大的实惠和好处；二是利益分化早已瓦解了底线意识，当人们的一切行为都受到利益驱动且被利益绑架之时，底线和底线意识必然变得极其苍白乏力。

International | 国际

主题主编 | 张钊

构建中美新型大国关系

“航母热”搅动中国周边安全环境

构建中美新型大国关系

01

KEEPING THE
MINUTES OF CHINA
WITH THOUGHTS

主题 | Key Articles

积聚发展中美新型大国关系的正能量

李景田

核心提示

要积聚中美建立新型大国关系的正能量，必须创新思维，摒弃传统观念；有效管控彼此分歧，维护中美关系大局；要坚持从战略高度和长远角度，探索一条前无古人、后启来者的中美大国关系之路，以造福于两国人民和世界人民。

中美分别是当今世界最大的发展中国家和最大的发达国家。中美两国所具有的国际地位和国际影响力，决定了中美关系是世界上最重要的双边关系，是对全球格局和全球性事务具有重要影响的特殊双边关系。中美关系能否持续健康稳定向前发展，不仅事关两国人民和两国的利益，而且对世界的和平、稳定、繁荣也具有重大影响。

共同的利益和挑战，是建设中美新型大国关系的内在动力

随着全球化、信息化的深入发展，各国相互依存和利益交融的程度前所未有，同时也面临层出不穷的各种挑战，任何国家都不能够独自应对，需要携手合作。

作为世界上最重要的两大经济体，作为世界经济两大驱动力，中美两国“你中有我、我中有你”的利益交融和相互依存状态日益加深，从解决国际地区热点问题到应对各种全球性的挑战，从促进各自

李景田
中央党校常务副校长，第十七届中央委员。

国内的经济社会发展到推动世界经济复苏，中美两国都具有广泛的共同利益和广阔的合作空间。

中美两国“你中有我、我中有你”的利益交融和相互依存状态日益加深，从解决国际地区热点问题到应对各种全球性的挑战，从促进各自国内的经济社会发展到推动世界经济复苏，中美两国都具有广泛的共同利益和广阔的合作空间。

只有中美携起手来，才能有效应对和处理全球性问题，才能更好地实现各自的利益和发展机会。中美也只有继续深化经贸、能源、环保、人文等传统领域的合作，寻求网络安全、全球治理等新领域的合作，就朝鲜半岛局势、伊朗核问题、叙利亚问题等国际、地区问题，以及推动全球经济复苏、应对气候变化等全球性挑战，加强沟通协调，进一步拓展利益汇合点，进一步释放合作共赢的正能量，才能进一步放大中美关系中的积极因素，夯实中美新型大国关系的基础。

和平共处、合作共赢，是建设中美新型大国关系的本质要求

尽管中美两国国情不同、社会制度不同、发展阶段不同，对世界重大事务和地区热点难点问题的关注角度、立场也存在不同，但共同的利益和挑战决定中美只有和平相处，才能合作共赢，才能给两国和世界带来机遇，中美对抗只能给两国和世界带来损害，这就是“和则两利、斗则俱伤”。所以中国一直坚持和平、发展、合作，坚持包容、互鉴、共赢。这也是中美两国和各国人民的共同愿望。

和平共处意味着，中美必须学会相互尊重，尊重各自社会制度和发展道路，尊重各自的历史、文化和价值观念，尊重各自表达意见和诉求的机会。中美必须相互包容。中美两国国情不同，不可能在所有问题上都意见一致，不可能在所有事情上都只有共同利益的一面。因此需要中美双方平等互谅，加强政策协调，照顾彼此利益关切，不把自身发展过程中遇到的问题和矛盾转嫁给对方，实现共同发展和平衡发展。

中美通过和平共处、互相提供重要发展机会，实现全方位、多层次的互利共赢，走出一条全新的大国关系之路，以造福于两国人民和世界人民。

妥善管控分歧和敏感问题，是建设中美新型大国关系的关键

40 多年前，中美两国领导人以战略家的政治勇气和智慧，实现了“跨越太平洋的握手”，重新打开中美交往的大门。中美关系 40 多年来的发展历程，为新时期建设中美新型大国关系打下了坚实的基础。两国高层战略沟通，各领域的务实合作，以及各个层面、多种形式的交流机制，是推动中美建设新型大国关系的积极因素。

我们也得看到，中美关系面临着诸多结构性、长期性、复杂性因素的影响和干扰，客观存在诸多分歧、摩擦、矛盾和问题。有的人还习惯于用国强必霸的思维定式和两强必争的零和心态看待中美关系，认为中国的崛起将从各方面影响美国的经济和安全利益，视中国为美国的区域性军事对手、全球性经济对手、全面性政治对手。这些都是影响中美发展新型大国关系的消极因素。

如何积聚发展中美新型大国关系的正能量?

第一，要创新思维，摒弃传统观念。在人类社会发展历程中，大国之间特别是在新兴大国与守成大国之间，曾经经历的冲突、对抗甚至战争，以及你输我赢、你兴我衰的零和博弈，是大国关系的主要特征。客观上，新兴大国的兴起与既有大国存在着发生冲突的危险性，但是，这种冲突并不具有必然性。

大国之间特别是在新兴大国与守成大国之间，曾经经历的冲突、对抗甚至战争，以及你输我赢、你兴我衰的零和博弈，是大国关系的主要特征。

中美建设新型大国关系就是要打破历史上大国对抗冲突的传统逻辑，走出一条经济全球化时代建设大国关系的新路。正如习近平主席所说：“宽广的太平洋有足够空间容纳中美两个大国。”我们这个星球也有足够大的空间，容得下中美两国和其他国家良性互动，共同发展。

为此，中美应当建立战略互信与良性互动，不应把对方看作潜在

甚至现实的“战略对手”，以对立、排斥甚至敌视的立场判断对方的实力增长和发展趋势，并对其采取防范、遏制等举措。中国一直坚持：要对话不要对抗，要合作不要冲突，要成为伙伴，而不是对手，要互利共赢，而不是零和博弈。

第二，要有效管控彼此分歧，维护中美关系大局。中美之间共同利益远大于分歧，应当淡化和减少分歧。为防止出现误读和误判，避免中美关系大局偏离正常轨道，甚至出现擦枪走火等不可控制的局面，对存在的摩擦和分歧，应通过密切沟通和良好互动，保证相互间能够及时了解对方的真实意图，把矛盾和分歧控制在特定的层面和范围，妥善处理应对和有效管控。

中美双方应尊重和照顾彼此的重大利益和关切，强化底线思维，了解并尊重对方的底线，不挑战和突破对方的底线。

中美双方应尊重和照顾彼此的重大利益和关切，强化底线思维，了解并尊重对方的底线，不挑战和突破对方的底线。己所不欲，勿施于人。中国从不把自身利益凌驾于别国利益之上，更不做损人利己、以邻为壑的事情。但在维护国家主权、安全、发展利益等问题上，中国是讲原则、有底线的，也是讲道理、顾大局的。中国决不会屈服于任何外来压力。任何人都不应低估中国维护国家利益的决心和能力，不应奢望中国会吞下损害自身利益的苦果。

坚持从战略高度和长远角度，建设中美新型大国关系之路，是一条前无古人、后启来者之路，是一条不可能一蹴而就的艰辛之路，但也是充满希望、造福于两国人民和世界人民之路。

千里之行，始于足下。如今，习近平主席和奥巴马总统已经在“阳光之乡”按下了启动中美新型大国关系之路的按钮，中美建设新型大国关系的目标和路径已经明确。我希望并坚信，在两国政府、智库、学者、企业等的共同努力下，中美之间一定能够走上一条成功的新型大国关系之路。

中美新型大国关系的“新”与“路”

袁　鹏

核心提示

中美两国都已走到了“战略十字路口”，只有双方共同控制冲突、挖掘利益汇合点，才能够在新型大国关系的道路上越走越远。

新型大国关系“新”在何处

中美希望构建的新型大国关系，其“新”大体包含两重含义。

第一，这种新型关系不同于40年前、20年前甚至10年前的中美关系。

过去中美关系是“超——强关系”，即唯一超级大国美国与“多强”之一的中国的关系。而今天中美关系则更像“老大——老二的关系”，开始被真正赋予国际关系史上“权力转移”的特殊意义。与此同时，中美战略基础已经出现松动。20世纪七八十年代，中美具有共同对付苏联的战略基础，冷战结束后依靠全球化时代经济相互依存，“9·11”事件后两国则拥有反恐合作与经贸合作“双引擎”。而如今，反恐合作已难以支撑中美关系。更重要的是，美国大张旗鼓推动亚太“战略再平衡”，给中国周边安全与睦邻外交带来新挑战。

第二，中美“新型大国关系”有别于历史上其他大国关系。

越来越多的美国政要和战略界人士已经认识到，中国不是前苏联，不寻求意识形态扩张和颠覆现有国际体系，因此中美不会重蹈美

袁　鹏
中国现代国际关系研究院副院长，博士生导师，主要研究美国外交、中美关系、国际战略与安全、亚太安全等。

中国不是前苏联，不寻求意识形态扩张和颠覆现有国际体系，因此中美不会重蹈美苏关系的覆辙。

苏关系的覆辙。二战后美国同欧、日关系也保持了长时期的和平，但这种和平建立在美国对欧日的控制、彼此相同的意识形态和价值观以及军事同盟基础上，而中国不可能放弃社会主义制度，也不太可能同美国结成战略同盟，因此也难以想象中美关系会像美欧、美日关系那样。可以说，中美构建“新型大国关系”，是一条全新的道路，只能靠两国人民自己摸索、创造条件。

走“前无古人”之路并非不可能

今天的中美关系同41年前尼克松总统访华、34年前两国建交时相比已发生很大变化。客观来看，目前构建中美“新型大国关系”至少已经具备3个重要条件。

具备时代条件。当今时代的特点是“政治多极化、经济全球化、文化多样化和社会信息化”。世界出现了更多的力量中心，权力面临新一轮重新分配。经济相互依存给大国间的和平加上了重要的保障，国家之间“和则两利、斗则俱伤”。文化多样化要求各种文明相互借鉴与融合，能够与其他民族、种族的文化和谐共处。社会信息化为不同文明相互理解提供了前所未有的机会。要和平不要战争、要发展不要贫穷、要合作不要对抗，是各国人民的共同愿望，各国民众的共同心愿必然会推动政府在对外关系处理上超越传统的现实主义思维逻辑，朝着“和平、发展、合作”、“包容、借鉴、共赢”方向发展。

具备认知条件。首先，中国在发展不代表美国在衰落，美国在军事、科技、网络、文化等方面的优势仍然遥遥领先。其次，中国的发展并未导致美国衰落，相反，它支撑着美国继续发展，中国的发展不会打破现有的国际体系框架。再次，两国在亚太地区不存在领土主权争端，各有优势难以互换和取代，不会形成所谓亚太两极和新冷战的局面。

具备沟通框架。这种沟通框架包含4大组成部分：高层对话机制、军事互信机制、地方交流机制和民间交流机制。目前，中美之间的沟通框架已经基本建立并在不断完善，它必将为构建中美新型大国关系源源不断地注入正能量。

未来中美关系“路在脚下”

在总结过去41年中美关系成功经验和汲取现当代大国对抗教训的基础上，以下几点应成为未来着力的重点。

寻求新时期利益汇合点。一是重建符合两国利益的新的国际政治经济秩序。G20的合作是个好的开端，海、空、天、网等“全球公地”国际规则的建构则提供潜在合作空间，世界银行、IMF等国际金融机制和体制的变革也有赖中美合作。二是完善新形势下中美经贸关系新格局。中国提出扩大内需、转变发展方式，同美国强调出口倍增、制造业回归看似正在改变既有经贸关系格局，实则蕴含新的合作空间和发展机遇。比如，美国提出“出口倍增计划”，而中国提出未来5年进口8万亿美元商品，二者之间将形成新的互补关系，有助中美经贸关系在新的更高层次上互利共赢。三是着眼“共同问题”，增进战略协调。两国一些既有共同利益虽有所减少，但面临的全球性和区域性共同问题却日益增多，由“共同问题”牵引的战略协调不失为今后两国在战略安全领域合作的新增长点。

推进“中美+X”三边外交，破解新时期中美关系发展的难题。当今中美关系的一个重要特点是深受“第三方”因素掣肘或捆绑。这些“第三方”或为美国盟国，或是中国友邦，且多处于中国周边敏感地带。长期以来，中国外交强调“大国是关键”、“周边是首要”，在中美关系与中邻关系间有所区分、分头推进。随着美国战略重心东移，美国因素已然深度卷入亚太地区，中、美、邻之间已成为必须始终联系起来加以考虑的有机整体。

> 继续韬光养晦，坚持苦练内功，是构建中美新型大国关系的根本。

继续韬光养晦，坚持苦练内功，是构建中美新型大国关系的根本。中国虽快速发展，但离最终建成社会主义现代化强国还有相当距离；美国虽遭遇困境，但综合国力优势与复苏潜力依然巨大，中美实力差距近中期难以实质性缩小。这意味着，克服自满情绪、坚持韬光养晦仍是战略必需。

随着中美实力的不断接近，两国都走到了一个“战略十字路口”。

随着中美实力的不断接近，两国都走到了一个“战略十字路口”：如果双方能够共同控制冲突、挖掘利益汇合点，就能够在新型大国关系的道路上越走越远；如果选择了战略对抗，两个文明巨人发生冲突，不仅会将各自多年的发展成果葬送，还会把世界拖进逐渐毁灭的深渊。

延伸 | Extended readings

中美关系是重要的新型大国关系

中国社会科学院

核心提示

大国关系一直是国际关系、国际战略中的重中之重。冷战后的大国关系与冷战前、冷战时期的大国关系显著不同。随着世界格局的变化与中国的和平发展，中美两国拥有的共同利益和面对的共同挑战越来越多。只有相互和平、共享发展，才能对中美两国和世界产生有益影响。

近代以来，世界大国关系不断发展演化，目前正进入新阶段，出现了新趋势。2012 年 7 月，习近平同志在“世界和平论坛”开幕式致辞中指出：“大国关系是影响国际形势发展的重要因素。中美正在积极探索构建相互尊重、合作共赢的新型大国关系，这符合中美两国和世界的共同利益，也将是国际关系史上的一个创举。”

冷战前的大国关系

中美正在积极探索构建相互尊重、合作共赢的新型大国关系，这符合中美两国和世界的共同利益，也将是国际关系史上的一个创举。

对抗与冲突和你输我赢、你兴我衰的零和博弈，是冷战前大国关系的主要特征。大国之间的战争是霸权更替、国际体系改变的主要途径。大国之间的冲突和对立甚至导致了两次世界大战，给人类带来了巨大灾难。

这一时期大国关系长期处于敌对和战争状态，主要原因有：资本在全球的扩张和掠夺通常以武力开路；大国之间缺乏密切的经贸关系；一些大国信奉武力，倾向于通过战争获取国际利益；“坚船利炮”的广泛运用，助长了列强称霸世界的野心；国际体系不够完善，缺乏强制力和约束力，等等。

冷战时期的大国关系

冷战时期大国关系的主要特征是分裂、遏制和紧张。二战后的世界分裂成以美国和苏联为首的两大对立阵营。美国于1947年实施旨在将西欧经济纳入北大西洋贸易体系的“马歇尔计划”。苏联针锋相对，于同年提出“莫洛托夫计划”。随着1949年经互会的成立，东欧经济完全纳入苏联的轨道。美苏分别成立了互相敌对的军事集团北约和华约，两大集团之间的军备竞赛愈演愈烈。

意识形态在两大阵营的对峙中扮演了重要角色。美国认为，自己是自由民主的化身，而苏联的社会主义则意味着极权和专制，是自由民主的主要威胁；而在苏联看来，帝国主义是资本主义发展的最高阶段，是垄断与战争的代名词。

1946年2月，美国驻苏联大使凯南在发给美国国务院的电报中认为，美国之所以可以与苏联对抗、决裂而没有什么风险，是因为美国同苏联的“利害关系微乎其微”，“在那里，我们没有投资需要保卫，没有确实存在的贸易机会会丧失”。历史的发展证明了凯南的预测。在冷战期间，以苏联为首的东方集团与以美国为首的西方集团之间的经贸往来很少。

冷战后的大国关系

冷战结束后，大国关系日趋复杂化和多样化。盟友与敌人的界限日益模糊，以亦敌亦友、挑战与利益同在、竞争与合作并存为特征的新型大国关系逐渐浮出水面。中国、印度、俄罗斯、巴西和南非等新兴经济体成为现有国际体系的参与者，通过遵守和利用现有国际规则发展自己。

以下几种因素使冷战后新型大国关系的出现成为可能：主要大国都有核武器或核保护伞，战争作为解决大国竞争的手段缺乏可行性；以意识形态为基础，建立类似冷战时期两大阵营那样的跨国组织已没有可能；经济全球化日趋深入，各国的利益更加紧密地缠绕在一起，而全球问题的解决具有正和性；主要大国之间经贸合作关系密切，高度的相互依存使得大国关系处于联盟和制衡之间的模糊地带。

中美关系是重要的新型大国关系

中国经过改革开放30多年的快速发展，经济总量已位居世界第二，并且日益成为现有国际体系的建设者和贡献者。美国逐渐认可中国和平发展的现实，在对华关系上倾向于接受中国的倡议，开创“竞争—合作”这一新型关系模式。

近年来，尽管美国依旧坚持西方发展理念和模式的普遍意义，主张拥有美国式的自由、平等和民主是所有国家繁荣幸福的前提，但中国关于“世界上的各种文明、不同的社会制度和发展道路应彼此尊重，在竞争比较中取长补短，在求同存异中共同发展”的主张，在世界范围内得到越来越多的认可和赞同。

随着时代的发展，中美两国拥有的共同利益和面对的共同挑战越来越多。美国战略与国际问题研究中心2009年3月发表的一篇报告提出：“没有北京和华盛顿的联合行动，解决世界上最严重的问题（包括全球金融动荡，武器扩散和恐怖主义，气候变化，能源保障）是难以想象的。”

> 没有北京和华盛顿的联合行动，解决世界上最严重的问题是难以想象的。

与此同时，中美之间密切的经济联系也降低了两国发生严重对抗的可能性。目前中国的GDP已占美国的40%，是美国的最大债主和第三大出口市场。2012年4月，时任美国国务卿希拉里·克林顿在美国海军学院发表演讲时说：“在不到35年的时间里，我们两国从几乎谈不上有任何联系发展到彻底、无法回避地相互依存。这种情况需要双方均在思维与方式上作出调整，今天的地缘政治不允许我们进行零和游戏。一个兴旺的中国对美国有利，一个兴旺的美国也对中国有利。”

中国与主要大国关系面临的挑战

刘友法

核心提示

作为硬币的另一面，中国对新型大国关系的构想，还存在着中国与大国关系中矛盾与纠纷日益严峻的背景。随着中国的快速发展，中国正成为大国关系调整的焦点，体现为经贸领域矛盾多发、安全领域相互防范等。中国提出构建新型大国关系的一个重要目的，就是为这些矛盾求解。

刘友法
中国国际问题研究所副所长，复旦大学国际问题研究院客座研究员，曾任中国驻美国使馆政治处参赞，注重研究世界经济、中美关系、中非关系等问题。

中国是最大的发展中国家，经济总量位居世界第二，与各主要大国已建立起千丝万缕的联系。相互之间既拥有越来越多的共同利益，也面临越来越严峻的矛盾与纠纷。

中国正成为大国关系调整的焦点

冷战结束虽已久远，但大国在对华关系上仍时常受冷战思维驱使，对华合作中竞争的一面在加剧，借重中牵制的一面在发展。

近年来，美国、欧盟主要成员国、日本和澳大利亚等传统大国，难以适应中国快速发展态势，纷纷产生“战略焦虑症”，因而相继加强传统的盟友关系，联手实施对华防范战略，协同制约中国的发展态势。政治上，利用现行国际机制引导中国融入以发达国家为主导的国际体系；经济上，利用国际游戏规则重新塑造中国，使之融入以发达国家为主导的世界主流经济；文化上，利用交流与合作促使中国接受西方文化观，并向西方文化体系转轨；安全上，构建防范与遏制中国的政治、经济、文化和军事包围圈。

在上述进程中，美国已成为领头羊。奥巴马政府上台后迅速调整美国全球战略，在经济领域以国家利益为载体，加强与各同盟国的关系，在政治领域以责任为“拿手”，加大对新兴国家的战略压力；在军事领域以关岛军事基地扩建为着力点，强化针对亚太局势的军事前沿打击部署，针对中国的一面显而易见。

经贸领域相互矛盾进入多发期

后金融危机时期，逐利性合作与竞争正成为大国关系的重要内涵。随着相关国家在政治、经济与外交领域接触和交往愈益增多，相互之间矛盾与纠纷愈益增多。为拓展国际发展空间，为谋求绿色经济先发优势，各大国更加重视经济外交，相互之间围绕利益汇合点和分歧展开的博弈有增无减。

后金融危机时期，逐利性合作与竞争正成为大国关系的重要内涵。

中国的经济规模不断扩大，经济疆界不断延伸，利益疆界在世界各地与其他大国的利益交汇与碰撞在所难免。随着中国在国际事务中的地位和作用不断增强，在国际体制改革、国际规则创新、科学技术研发、战略资源、能源供应、国际市场份额和国际运输通道等诸多领域，中国与相关大国之间由逐利性竞争引发的矛盾与摩擦不断凸显出来。尤其是在经贸领域，各主要大国纷纷利用我国“入世”特别条款，对我出口商品实施“双反”调查，同时，纷纷利用低碳经济技术优势，构建新的隐形壁垒，提升我与世界主流经济接轨的门槛，增添我参与绿色经济的难度，增加我在起跑线上参与国际分工与合作的成本。

安全领域相互防范成为常态

进入21世纪以来，亚太地区战略形势正经历复杂而深刻的变化，形成了经济与安全领域“两个亚洲格局”。在安全领域，美国等发达国家利用朝鲜半岛热点问题不断向中国施压，增加我战略谋划难度；在经济领域，美国全力主导跨太平洋伙伴关系协定谈判进程，旨在冲垮本地区各类一体化机制，构建以美国规则为主导的一体化进程；在军事领域，美国竭力挑拨中国与相关国家在东海和南海岛礁和海洋权益的矛盾，强化军事存在，助推美国重返亚太战略。

进入21世纪以来，亚太地区战略形势正经历复杂而深刻的变化，形成了经济与安全领域“两个亚洲格局”。

过去35年来，中国以改革开放为契机，以加入世界贸易组织为载体，实现了经济与社会快速发展，并在金融危机期间进一步彰显出勃勃生机。中国经济持续快速增长，为本地区各国经济与发展提供了强有力的贸易与投资拉力。

但是，相关国家在分享中国经济高速发展“红利”的同时，对中国发展速度难以适应，萌生了“不适应症”、“猜疑症”和“焦虑症”。因此，相关国家对华政策实用主义更加突出，对华关系越来越两面下注，助推美国政府制定与实施对华防堵战略。

与此同时，相关国家之间围绕重大国际与地区事务形成不同的战略判断，主张不同的利益诉求，产生不同的政策立场，在一系列问题上相互猜疑、相互掣肘，最终相互实施战略防范，致使相互关系“信任赤字”剧增，导致地区安全困境不时涌现。

中美新型大国关系的障碍

张　建

核心提示

作为当今世界最重要的双边关系之一，中美之间还面临着认知差异、行为方式不同、基于各自利益的战略选择相互掣肘等不确定性，成为构建新型大国关系的障碍。

构建新型大国关系已经成为中美关系发展中的重要任务和核心内容，这不但符合两国人民的根本利益，而且对亚太地区的和平与发展、对世界的发展与治理都具有积极的和建设性的意义。但在当今世界上最重要的两个国家之间构建这样一种新型的大国关系，其前路也是非常艰难的，仍面临很多不确定性。

第一，对于构建中美新型大国关系这样的论述，美国国内的共识不足。

美国对于中方倡导构建的新型大国关系还处在酝酿阶段，对其历史背景、战略意涵、发展方向等还没有深入的认识，在官方和学界还没有形成共识，这在某种程度上制约了两国推进建立新型大国关系的努力。从美国的一些官员和学者的表态中，时常听到他们说“中国领导人使用或中国人提出的新型大国关系”这样一个概念，似乎是中国强加给美国的一样。布鲁金斯学会高级研究员沈大伟就认为，中美双方在管理与一个大国之间以竞争为主又相互依赖的关系方面都没有经验，两国政府需要适应以竞争为主的关系的“新常态”，努力建立管理和控制竞争的机制，而不是一味地提出一些花里胡哨的无法实

张　建
上海国际问题研究院台港澳研究所助理研究员。

现的口号或概念。

实际上，当年美国提出希望中国做负责任的“利益攸关方”后，中国给予了积极的回应，从官方到民间，从学界到商界，谈到中美关系必提“利益攸关方”这个概念。时至今日，中国主动提出与美国构建“新型大国关系”，美国似乎认为是中国一厢情愿。美国不应认为只是附和中国才提一下这个概念，而应积极主动地在国内阐释中美两国构建新型大国关系的战略意义，寻求更多的国内共识。

第二，中美两国认知差异，导致行为冲突的现实短期内难以改变。

认知差异缘于制度、价值观等高阶层次上的差异。中国认为美国致力于遏制、围堵中国的崛起，美国则认为中国致力于挑战、制衡美国的全球主导地位。因此，中美对对方都采取两面手法，即基于利益需要既与对方合作，又采取防范对方的措施。

从当前两国缺乏战略互信、价值观认同差异等形势来看，两国的战略互疑仍将存在，如不能从根本上消解这种认知差异和战略互疑，将严重阻滞两国新型大国关系的构建。

实际上，中美两国都拥有自己的优势领域和独特手段，各自影响力所及也存在交叉、重叠，任何一方想获得压倒对方的主宰地位都是不可能的。如果双方合作，则能使彼此的利益获得同步扩大；否则不但是相反，双方的利益、影响力都可能被相互抵消掉。从当前两国缺乏战略互信、价值观认同差异等形势来看，两国的战略互疑仍将存在，如不能从根本上消解这种认知差异和战略互疑，将严重阻滞两国新型大国关系的构建。

第三，基于共同利益的需要，中美双方采取的选择性战略掣肘两国在更大范围上的合作。

在扩大共同利益问题上，当前两国几乎都采取了“选择性扩大共同利益”的战略，这虽然在一定程度上有利于扩大共同利益，但从长远来看，还是制约了两国共同利益的扩大，阻碍各种因素的整合，难以从整体上推进扩大共同利益。中美两国除继续开展各种对话外，应对这些对话的效果进行评估，并在大的格局上建立一种默契互动的模式或机制，使中美新型大国关系落到实处。两国应不掩盖、不规避双方的利益差异，不炒作、不升级双方的利益冲突，以默契互动来协调推进两国的共同利益，并将两国共同利益紧密结合，在竞争性合作共存的局面下，以合作超越冲突、摩擦。

另外，双方国内政治生态的变化、两国经贸摩擦、地区安全冲突等都在一定程度上存在影响或中断两国构建新型大国关系努力的可能性。中美两国只有创新合作发展的路径与模式，准确认识和把握中美新型大国关系内涵和条件的变化，客观理性认知自身的优势和劣势，从多维度、宽领域自觉地朝着构建新型大国关系这样一种创新性关系努力，才能获得对双方而言都是难以估量的收益。

名家观点 | Experts' viewpoints

曲　星　中国国际问题研究院院长

“新型国家关系”核心还是中美关系

中国和新兴国家之间不是新型大国关系，比如金砖国家是后发国家，并不是守成大国，应该不属于“新型大国关系”的范畴。欧洲也是守成大国，在国际体制中有地位。但中欧之间，欧洲不认为中国的发展是威胁，只认为是竞争，而且主要是市场经济中的一种竞争。“新型大国关系”是基于我们希望解决历史的“魔咒”，即“后发国家与守成国家必然冲突发生战争”的这个“魔咒”而产生的。因此，“新型国家关系”核心还是指中美关系。

庞中英　中国人民大学国际关系学院教授

“大国之间的新型合作模式”

以往的关于中美关系的定义，中国多数情况下处在相对被动的接受者地位，通常由美国人就中美关系做出某种定义和提议，比如中美关系的“3C”、“建设性的、合作的和直率的”（constructive，cooperative and candid）和“负责的利益攸关方”（responsible stakeholder）等，均是美国人先提出来。

如今，中国一改以往的被动，主动提出“新型大国关系”。美国方面一直不愿意全面、积极回应，而是对此充满疑问，故作不解不得不提出了与“新型大国关系”对应的“大国之间的新型合作模式”（new model of great powers）作为回应。

赵可金 清华大学国际问题研究所副所长

基于共同利益的伙伴关系

传统大国关系说到底是敌友关系，新型大国关系的敌友界限已经非常模糊，大国之间往往非敌非友，是一种基于共同利益的伙伴关系。

中美关系不大可能成为真正的朋友，也不大可能成为敌人，将呈现为一种合作伙伴与竞争对手复杂交织的“非敌非友”关系。

俞 邃 当代世界研究中心教授、国际自然和社会科学院院士

警惕“G2”论再起

自从提出中美之间构建新型大国关系后，美中共管世界的“两国集团”、“G2”论又开始活跃。尽管其中不乏对中国赞赏的态度来谈这个问题，但立论一样值得商榷。中美新型大国关系尚在酝酿之中，积极因素固然在上升，但消极因素的干扰亦不示弱。中美关系特点非但不会改变世界多极化的大趋势，而恰恰是在推动世界多极化格局的新发展。

田一枫 国际时事评论员

中美建立新型大国关系说易行难

如果说中美双方都可以去努力实现相互尊重、互不为敌这一点的话，在其他问题上要建立互信并达成共识，显然要困难得多。比如彼此关照核心利益，美国在售台武器问题上就很难改弦更张，也没有在中国解决与周边国家的海上领土争端问题上起到好作用。在合作处理重大国际事务方面，有些问题有所进展，有些问题彼此分歧依然很大，甚至难以弥合。对中国的军力发展，美国的戒备心更强，其“战略东移”就是对中国的预先防范。

迈克尔·查斯　美国詹姆斯顿基金会

很明显，这不是相互调整

北京构想的“新型”美中关系存在一个最成问题的方面——这种关系似乎要求华盛顿容纳中国的利益，且基本上按照北京的条件来，明显不是相互调整。中国认为，需要改变做法的只有美国自己。虽然一些用词可能意在针对国内消费，但也反映出中国对自身在双边关系中操控优势不断增加的评估。这将令华盛顿很难接受，尽管双方存在诸多共同利益。寻求“新型大国关系”并推进互信的目标值得称赞，但暗示这必须按照中国的方式来做，可能大大增加实现北京提议的难度。

“航母热”搅动
中国周边安全环境

02

KEEPING THE
MINUTES OF CHINA
WITH THOUGHTS

主题

彭　念　“航母热”折射亚太安全困境

尹　卓　日本欲借“出云号”打造攻防兼备型海军

延伸

魏云峰　马　俊　日本准航母与辽宁舰

名家观点

崔铁亮　徐小岩

乔　良　陈　虎　周晨鸣

主题 | Key Articles

"航母热"折射亚太安全困境

彭　念

核心提示

在亚太地区安全困境难解的背景下，各国掀起建造航母热潮，反映出外交手段重要性相对下降，军事威慑的重要性逐渐提升，这不仅无助于安全困境的破解，更不利于亚太经济的快速发展。

2013年8月，继日本"出云号"直升机准航母下水后，印度首艘国产航母维克兰特号也在印度科钦船厂下水。俄罗斯海军前总司令格罗莫夫亦公开表示，"位于亚洲地区的太平洋舰队至少还需要两艘航母。北方舰队起码也需要一艘航母"。再加上美国部署在亚太地区的5艘核动力航母，一时间，亚太地区成为有史以来航母最为密集的地区。

与航母争相涌入亚太地区相伴的是，亚太地区冲突凸显、安全困境难解。目前，中日钓鱼岛争端丝毫未见缓和迹象。南海争端也未平息，各方势力正在积攒力量，提升战力。中缅石油管道（缅甸段）的开通以及中国援建斯里兰卡科伦坡港，也使得外界开始担心中国正在逐步向印度洋渗透影响力。东北亚朝鲜半岛局势虽有缓和，但冲突隐患仍然存在。在此背景下，各国争相建造航母，无疑将恶化亚太安全局势，使得相关国家的分歧更加难以解决。

彭　念
香港媒体时事评论员。

在建造航母的热潮中，日本的举动尤其值得关注。自二战结束以来，日本一直受和平宪法的约束，日本自卫队也仅用于保护日本本土国防安全。然而，日本并未放弃发展壮大军事力量的尝试，“出云号”准航母下水已经显示出日本海洋军事力量的强大。有分析称，日本此次高调庆贺准航母下水，一方面是对俄罗斯向太平洋舰队增派航母的回应，另一方面也是向中国秀肌肉，逼迫中国在钓鱼岛问题上退让。

自日俄北方四岛争端凸显以来，日本通过外交谈判等多种方式要求俄罗斯归还北方四岛。但在普京的眼里，日本的要求无异于痴心妄想。日本在与俄罗斯的谈判中一再受到冷落，闭门羹吃了不少。归根结底还是日本自身实力不济，没有被俄罗斯放在眼里，也缺乏与俄罗斯斗恶斗狠的决心与意志。此次日本高调宣布准备航母下水，也是想在俄罗斯面前博回一些面子，让俄罗斯不要小瞧日本。当然，即使日本拥有航母，俄罗斯也不会惧怕日本，归还北方四岛更是不可能。这一点日本心中并非没数。

日本此次高调庆贺准航母下水，一方面是对俄罗斯向太平洋舰队增派航母的回应，另一方面也是向中国秀肌肉，逼迫中国在钓鱼岛问题上退让。

震慑不了俄罗斯，日本自然就想吓一吓中国。自钓鱼岛争端爆发以来，日本一直持强硬立场，还不断拉美国来吓唬中国。然而，令日本颇为惊讶的是，中国并没有被吓住，反而坚定不移地实施反制措施。钓鱼岛争端初期，中国海监船巡航钓鱼岛周边 200 海里海域，如今中国海警船驶入钓鱼岛周边 12 海里海域，并在该海域停留超过 28 小时。虽然日本不断警告、抗议，但中国不为所动，中国维护海洋领土主权的决心由此可见一斑。在这个紧要关头，日本需要通过加强军事力量来鼓舞人心，同时威慑中国。日本《外交学者》网站评论道，“出云号”下水和命名典礼举行了隆重的仪式，这可能是借仪式向国内外“重要观众”展现日本的实力、目的和决心。

但是，日本的这一举动不仅不会改变中国维护海洋领土主权的决心，反而会令中国更加警惕日本。自安倍晋三上台以后，日本国内右翼势力愈发壮大，修改和平宪法、为自卫队松绑、加强军事战备等一系列攻击性行为使得中国决策层对日本军国主义倾向的担忧日益加剧，中日在安全领域的互疑将进一步上升。此番日本高调宣布准航母下水，不仅无助于钓鱼岛争端的缓和，反而会增添谈判途径解决分歧的难度。

由印度自行建造的首艘国产航母下水，显然也是为了凸显印度的海军威力，透露出印度对中国在印度洋扩张影响力的高度担忧。此前，中国建造斯里兰卡科伦坡港就在印度引起热议，一些政客老调重弹，再次渲染“中国威胁论”。不过，至少在目前，中国并无与印度在印度洋一争高下的打算。倒是印度航母是否会涉足南海，才是中国决策者需要应对的问题。

总体而言，在亚太地区安全困境难解的背景下，各国掀起建造航母热潮，反映出外交手段重要性相对下降，军事威慑的重要性逐渐提升，这不仅无助于安全困境的破解，更不利于亚太经济的快速发展。

日本欲借“出云号”打造攻防兼备型海军

尹　卓

核心提示

“出云号”是一种两栖投送能力很强的舰艇，同时也兼具很强的反潜能力。它的入役，标志着日本海军的作战能力有了一个质的飞跃。日本建造这样的大型舰艇，绝对不仅仅为了反潜，而是要试探美国底线，目的是打造攻防兼备的海上军力。

尹　卓
军事专家，海军信息化专家委员会主任，中国人民解放军海军装备论证研究中心综合论证研究所高级研究员，注重研究海军战略、海军战役、海军发展战略等问题。

“出云号”其实就是一种大吨位的直升机航母，它完全按照航母标准部署，具有较强反潜能力，是日本目前最大吨位的舰只。它采用岛形建筑，长长的甲板偏在一边，这样就把整个甲板的位置腾出来，为以后航空器的起降而准备。另外，它的舱内没有坞舱，全部的空间都腾给了机舱，至少可以存储 16 架直升机。

“出云号”的整个升降平台很大，可以同时起降 5 架大型直升机，或是 MV－22 这样大型的倾转旋翼飞机。所以，它的超视距投送能力非常强。同时，“出云号”具有很强的反潜能力，它可以搭载 10 架左右的直升机，能给对方的潜艇造成很大压力。周边的大型编队，可以将潜艇围起来。如果“出云号”搭载能够垂直起降的 F－35B，就意味着日本拥有真正意义的航母了。

“出云号”入役以后，标志着日本海军的作战能力会有一个质的飞跃。过去，日本的“金刚级”驱逐舰出海后只是一个水面舰艇，主要靠自己的防空导弹来防御。如果遇到敌人飞机的攻击，一般处于劣势。如果日本未来购买 F－35B 成功的话，它的“出云号”航母编队就不仅仅靠舰载防空导弹防御了。同时，它的固定翼飞机也可以在七八百公里这样的范围内进行作战，同时还可以具备很强的对地、对海的攻击能力。

这意味着日本海军的一种转型，从纯防卫型变成攻防兼备型。但客观讲，日本即使拥有了准航母“出云号”，距离成为真正进攻型的海军也有很大差距。毕竟，日本没有核潜艇，没有战略进攻能力以及战略投送能力，特别是日本海上自卫队对海、对陆的攻击能力还很弱。从整体而言，日本海军仍然是防御型的海军，不过其未来发展前景不能小觑。因为日本具备大型的造舰能力且造船工业发达。如果美国允许的话，日本海军军力会很快发展起来。

> “出云号”入役，意味着日本海军的一种转型，从纯防卫型变成攻防兼备型。

“出云号”是一种两栖投送能力很强的舰艇，同时也兼具很强的反潜能力。日本建造这样的大型舰艇，绝对不仅仅为了反潜。日本称“出云号”主要作为反潜舰，是一种蛊惑人心的说法，或是有意识地迷惑人心。实际上，日本是在试着突破美国对它的限制。

这些年来，从美国不允许日本造大型舰艇，到允许它造大型舰艇；从不允许日本拥有航母，到拥有小型直升机航母，再到拥有中大型的直升机和固定翼飞机航母，最后到拥有攻击型航母，日本在慢慢试探美国底线。我们都知道，反潜舰一般都是防御型的，可目前看，没有其他的舰艇再比“出云号”更大了。今后日本如果再提出防空问题，那就意味着还要造更大的舰艇。

延伸 | Extended readings

日本准航母与辽宁舰

魏云峰　马　俊

核心提示

比较航空母舰的战斗力，最关键的是要比较其舰载机的战斗力。一旦日本“出云”号直升机航母搭载美国的 F－35B“闪电”舰载机，它与“辽宁”号的 PK 就将是 F－35B 与歼 15 的 PK。如果“辽宁”舰能够搭载固定翼的预警机，歼－15 就可以依靠动力、火力等优势，在空中格斗中占优。

日本有关方面宣布，未来将探讨为其直升机航母“出云”号引进 F－35B“闪电”作为舰载机使用的可能性。

更令人关注的是坊间普遍猜测：日本一旦购入美国的 F－35B 型 STOVL（短距起飞垂直降落）战机，将使其成为一艘真正的航母，战斗力将获得质的提升，可能会成为中国海军“辽宁”号航母的劲敌。

为此，军事专家与资深军迷对此比较普遍的观点是，“出云”号还不是最标准的航母，在面对正宗航母时，它还是会吃不小的亏。

F－35 是美国洛克希德·马丁公司出品的第五代战斗机，作为美国意图代替 F－16“世界战斗机”地位的明星型号，当下风头正劲。其中，B 型是专为美国海军陆战队研发的 STOVL 型号，用以取代AV－8B。

魏云峰　马俊
环球时报记者。

F－35B 比“辽宁”号上即将装备的舰载战斗机歼－15“飞鲨”

领先一代，具有歼－15不具备的隐形功能，因此，22DDH加F－35B的组合，被坊间认为是中国航母战斗群的重大威胁。

“歼－15未来可能会有一个非常强力的帮手，那就是舰载固定翼预警机。而日本目前还没有发展舰载固定翼预警机的消息传出来。”新华社《世界军事》总编、军事专家陈虎认为，舰载固定翼预警机的探测与控制半径达到了800公里以上，而现代化预警机装备的有源相控阵雷达，对隐形目标的探测能力大为提高，F－35的隐身性能在五代机中算是比较弱的，其想要达成突然袭击，可能性不大。

在面对F－35B机群来袭时，虽然歼－15没有隐身能力，但是通过战术数据链，歼－15可以从预警机那里知道F－35B的位置，并且迅速占领超视距空战的有利阵位，发射中距空空导弹，迎击挂着反舰武器的笨重的F－35B。

虽然在理论上，F－35B可以先发现歼－15，但是这样，它必然要打开自身的雷达，一开机，就可能被中国海军机群发现，其隐身性能就打了折扣。

在防空拦截方面，F－35B的效率要低于歼－15。这是因为，F－35B无论是最快速度还是巡航速度都远低于歼－15，在空战中至关重要的占位能力方面，F－35B就落于下风。

在拦截歼－15的攻击时，虽然F－35B可能先敌发现、先敌发射，可能击落几架歼－15，但它再怎么开加力，都追不上歼－15。在超视距空战中，F－35B的载弹量远少于对手，面对对面雨点般接踵而至的空空导弹，凶多吉少。

而进入视距内的格斗，推重比、机动性都大大不如的F－35B，更是处于完全的下风。更何况，F－35B的弹仓挂载空空导弹，其反应速度比歼－15的翼载式更吃亏。

如果F－35B为了弥补数量劣势，将大量武器外挂，那就等于放弃自己最大的优势——隐身，战术态势对它将更不利。

名家观点 | Experts' viewpoints

崔轶亮 《现代舰船》主编

亚洲航母热是巧合

在这么短的时间内，亚洲集中出现一股航母热潮，背后并不是各国单单卡在这一时间点上来推出，而是各自沿着自己的发展航母轴线，恰好在这一节点上实现了交汇。

中国这艘“辽宁”号航母从1998年购买，到2005年进入大连造船厂继续改、建造，2012年交付海军；日本的“出云”号“准航母”的计划建造开始于2009年，到2013年下水；印度的“维拉特”号航母则计划更早，可以追溯到1999年。这三个国家都是在自己的轴线上发展航母，只是恰好在这一两年都到了下水的时机。

徐小岩 中国人民解放军中将

中国应该至少有四艘航空母舰

仅仅是辽宁号还不够，不仅仅是辽宁号尚未成为有效的航母战斗群，最重要的一点是，中国海岸线的漫长，一艘航母还不足以保证我国的基本利益，所以，中国应该至少有4艘航空母舰。

乔　良 国家安全政策研究委员会副秘书长、空军少将

东亚军力对比未有逆转

东亚的军力对比是否发生变化，需要考虑美军存在的因素。美军在韩国、日本都有驻军，如果把这个军事存在放到一边去谈东亚军力对比的变化，是没有意义的。在这一方面，只能说中国的军力比原来

的力量增强了，但不能说使整个东亚的军力对比发生了变化，更不能说发生了逆转。

陈　虎　《世界军事》总编辑

中国航母的“六大期待”

期待1：舰载机着舰和舰载机成建制上舰。

期待2：航母能和其他水面战斗舰艇、保障舰艇一起以航母战斗群的形式出航并执行任务。

期待3：具备四代机水平的国产舰载战斗机横空出世。

期待4：具备世界先进水平的固定翼舰载预警机的问世。

期待5：具备弹射功能的国产新型航空母舰的问世。

期待6：航母的问世所带来的海军的编制、体制、作战方式、战术思想的一系列变化。

周晨鸣　知远防务研究所研究员

对国际军事格局影响不在当下

中国航母对国际军事格局影响不在当下，而在未来，能改变很多国家的未来战略。在这个过程中，很多国家会观察中国航母，比如舰载飞机、导弹等，以及如何与海空力量配合，这些都会影响局势向有利于中国方向发展。

图书在版编目（CIP）数据

时论中国.1／厉以宁，艾丰，石军主编.—北京：中国工人出版社，2013.10
ISBN 978-7-5008-5653-5

Ⅰ.①时…　Ⅱ.①厉…②艾…③石…　Ⅲ.①社会发展—中国—文集②经济发展—中国—文集　Ⅳ.①D619-53　②F127-53

中国版本图书馆CIP数据核字（2013）第246512号

时论中国 01

出 版 人	李庆堂
责任编辑	姚　远
责任校对	赵贵芬
责任印制	栾征宇
出版发行	中国工人出版社
地　　址	北京市东城区鼓楼外大街45号 邮编：100120
网　　址	http://www.wp-china.com
电　　话	（010）62350006（总编室）；（010）62005039（营销出版部） （010）62382916（职工教育分社）
发行热线	（010）62005996（分社发行电话）　（010）62382916（分社传真）
经　　销	各地书店
印　　刷	北京睿特印刷厂
开　　本	710毫米×1000毫米　1/16
印　　张	15.75
字　　数	200千字
版　　次	2013年11月第1版　2013年11月第2次印刷
定　　价	38.00元